Suche einen für immer und ewig ●

● *Christian Thiel* arbeitet seit vielen Jahren als Singleberater, veranstaltet Workshops und gibt in Einzelberatungen Tipps, wie man den Partner für immer findet und hält. Seit 1990 ist er freiberuflich als Autor und Journalist tätig, u. a. für die *Süddeutsche Zeitung*, die *Berliner Zeitung*, die *Wiener Zeitung* und verschiedene Magazine. Thiel ist verheiratet und lebt mit seiner Familie in Berlin. Bei Campus erschien von ihm bisher *Was glückliche Paare richtig machen*.

Weitere Informationen unter www.singleberater.de

Christian Thiel

Suche einen für immer und ewig

Wie Sie den Partner finden, der wirklich zu Ihnen passt

Campus Verlag
Frankfurt/New York

Unter demselben Titel erschien von Christian Thiel ein Buch 2005 im Gräfe und Unzer Verlag. Das vorliegende Buch bietet eine komplett überarbeitete und erweiterte Fassung.

Bibliografische Information der Deutschen Nationalbibliothek:
Die Deutsche Nationalbibliothek verzeichnet diese Publikation in der Deutschen Nationalbibliografie. Detaillierte bibliografische Daten sind im Internet über http://dnb.d-nb.de abrufbar.
● ISBN 978-3-593-38423-8

Copyright © 2008 Campus Verlag GmbH, Frankfurt/Main
Umschlaggestaltung: R. M. E, Roland Eschlbeck und Rosemarie Kreuzer
Umschlagmotiv: © Getty Images
Satz: Fotosatz L. Huhn, Linsengericht
Druck und Bindung: Druck Partner Rübelmann, Hemsbach
Gedruckt auf säurefreiem und chlorfrei gebleichtem Papier.
Printed in Germany

Besuchen Sie uns im Internet: www.campus.de

Die Liebe ist das Thema Nummer eins im Leben des Menschen. Wir sehnen uns nach ihr und hoffen, endlich den Einen zu finden, mit dem wir glücklich sein können.

Fast alle Singles sind Singles auf Zeit. Ihr Ziel ist eine Partnerschaft, in der sie mit einem Menschen das Leben teilen und genießen.

Die Suche nach einem für immer und ewig ist manchmal aber nicht so leicht, wie wir uns das wünschen. Gelegentlich ist sie sogar sehr mühsam. Lassen Sie sich von diesem Buch in Ihrer Singlephase begleiten und Wege zeigen, die Sie zu einer neuen Liebe führen – vielleicht ja zu einem für immer und ewig.

Inhalt

Einleitung

Sie sind Single. Seit einigen Wochen, Monaten oder Jahren. Sie haben Zeit gebraucht, sich in Ihrem neuen Leben einzurichten. Vielleicht haben Sie sich eine neue Wohnung gesucht, den Arbeitgeber gewechselt und neue Freunde gewonnen. Gerade kam wieder Ruhe in Ihr Leben, da tauchte der Gedanke an eine neue Partnerschaft auf, an eine neue Liebe.

Die Liebe. Sehnsucht unserer Herzen. Nichts im menschlichen Leben ist so bedeutend wie die Liebe. Kein noch so schöner Single-Urlaub in der Karibik. Kein Millionengewinn im Lotto. Keine Beförderung im Beruf. Die Liebe ist in unserem Leben wichtiger als all das zusammen. Nichts hebt unser Lebensgefühl so sehr. Nichts lässt uns so kraftvoll werden. Nichts stimmt uns so froh wie die Liebe. Deshalb sehnen wir uns nach ihr. Deshalb glauben wir an sie. Deshalb hoffen wir, endlich *den* Partner zu finden, mit dem wir glücklich sein können.

Liebe, Partnerschaft, Ehe – die allermeisten Menschen wünschen sich ein Leben in intensiver Zweisamkeit, obwohl sich die westlichen Länder angeblich zu Single-Gesellschaften entwickeln. Unser Leben ist in einer Partnerschaft erfüllter und stabiler. Eine Beziehung gleicht einer sicheren Basis, von der aus wir mutiger ins Leben aufbrechen. Der Philosoph Martin Buber hat das einmal so ausgedrückt: »Der Mensch wird am Du zum Ich.« Eine Partnerschaft ist eine wesentliche Bereicherung unseres Lebens und unserer Persönlichkeit. Wir gewinnen an Reife und an Statur.

Seit vielen Jahren berate ich Singles bei der Partnersuche. Ich veranstalte Workshops und führe Einzelgespräche. Ich halte Vorträge und trete im Fernsehen auf. Immer wieder werde ich von Klienten gefragt, ob ich über meine Erfahrungen aus dieser Arbeit nicht ein Buch schreiben möchte. Ihnen allen verdanke ich neue Einblicke in die faszinierende Welt der Liebe.

Wie ist eine neue Liebe zu finden? Was denken *Sie* über diese Frage? Vielleicht glauben Sie, Ihre Sterne müssten erst günstig stehen oder Sie hätten dringend ein paar Kilos abzunehmen, bevor Sie einem Partner für immer und ewig begegnen. Eventuell sind Sie auch der Ansicht, nur wer ruhig abwarte, den treffe die Liebe eines Tages ganz von allein. Oder aber Sie glauben, Sie müssten unaufhörlich suchen.

Die fünf magischen Stolpersteine der Liebe

Warum finde ich nicht den Richtigen? Viele Menschen stellen sich diese Frage. Als Berater sehe ich tagtäglich, warum Menschen ihren Weg zur Liebe nicht finden. Viele unserer Überzeugungen sind bei der Suche nach einem für immer und ewig nicht hilfreich. Manche erweisen sich sogar als regelrechte Stolpersteine. Die wichtigsten Stolpersteine auf dem Weg zu einer neuen Partnerschaft lauten:

- Erst muss ich perfekt sein, dann kann die Liebe kommen.
- Es ist einerlei, in wen ich mich verliebe – wichtig sind nur die Gefühle für den anderen.
- Wenn es wirklich Liebe ist, dann trifft mich sofort der Blitz.

- Nach einer Liebe muss man nicht suchen. Sie kommt auch ohne unser Zutun zu uns ins Haus.
- Ich bin bestimmt zu wählerisch.

Wer glaubt, erst perfekt sein zu müssen, der wird immer neue Fehler an sich finden, die erst behoben werden müssen und wird dabei übersehen, was ihn – so wie er ist – bereits liebenswert macht.

Wer denkt, es sei einerlei, in wen er sich verliebt, Hauptsache die Gefühle seien stark genug, der übersieht, dass es bei der Partnersuche darauf ankommt, einen Menschen zu finden, der aufgrund seines Charakters wirklich zu einem passt. Außerdem müssen wir lernen, genau das zu erkennen.

Wer denkt, dass die Liebe wie der Blitz einschlägt, der verpasst das langsame sich einander Annähern, das in der Liebe weitaus häufiger ist als das schnelle Sich-Verlieben.

Wer davon ausgeht, dass eine neue Liebe einfach so ins Haus kommt, ganz ohne Anstrengung, der wird möglicherweise viele, viele Jahre warten und dabei immer unglücklicher werden – dabei hätte er doch nur auf die Suche gehen müssen.

Und wer schließlich glaubt, zu wählerisch zu sein, wird immer wieder völlig unpassende Kandidaten für geeignet halten und am Ende, nach zahlreichen Enttäuschungen, das Thema Partnerschaft frustriert ad acta legen.

Wie die Liebe kommt

Als Berater begleite ich Tag für Tag Menschen auf ihrem persönlichen Weg zu einer neuen Beziehung. Dabei kann ich auch miterleben, wie und warum die Liebe kommt. Denn es gibt tatsächlich Strategien, die zu einer gelungenen Partnerschaft führen. Strategien, wie Sie *den* Partner finden – und behalten, mit dem Sie glücklich sein können. Die wichtigste Erkenntnis gleich vorneweg: Die Liebe fällt uns nicht in den Schoß. Der Schlüssel zu ihr liegt vielmehr in uns selbst. Wer seine Stärken und Schwächen kennt und darüber hinaus weiß, welcher Mensch zu ihm passt, hat die besten Chancen, eine Partnerschaft fürs Leben zu finden.

Die Voraussetzungen für die Suche nach einem für immer und ewig sind Gelassenheit, Sinn für Realität und ausreichend Gelegenheiten. Mit diesem Dreiklang beginnt auch dieses Buch. Im ersten Kapitel geht es um die nötige Gelassenheit bei der Partnersuche. Das zweite geht der Frage nach, wie wir zu einem realistischen Bild von der Liebe kommen. Das dritte Kapitel beschäftigt sich damit, bei welchen Gelegenheiten wir neue Menschen kennen lernen können. Hier werden Sie auch sehen, wie wichtig es ist, die Partnersuche als Partner*wahl* zu begreifen. Das vierte Kapitel beschreibt die wichtigsten Strategien zum Kennenlernen und welche für wen geeignet sind. Der fünfte und letzte Teil widmet sich der spannenden Zeit nach dem Kennenlernen, wenn aus einem Flirt Verliebtheit wird und aus Verliebtheit Liebe.

Dieses Buch handelt nicht von Theorien über die Liebe. Es bietet vielmehr praktische Lösungen an, wie Sie einen Lebenspartner kennen lernen können. Es erklärt Ihnen, wie Sie erkennen, ob Sie den Partner fürs Leben gefunden haben und was Sie tun können, damit aus Ihnen beiden auch wirklich ein Paar für immer und ewig wird.

Dieses Buch beschreibt Wege zur Liebe. Manche Wege sind so breit wie eine Allee und mühelos zu finden. Andere dagegen sind schmale, enge Pfade, abseits der Straßen und nur wenigen bekannt.

Die Lösungen, die ich anbiete, könnten andere sein als Sie erwarten. Möglicherweise werde ich Ihnen nahe legen, sich eine neue Wohnung zu suchen, mit Sport anzufangen oder Ihren Fernseher für eine Weile in den Keller zu tragen.

Die Wege, die ich für Sie zusammengetragen habe, sind kein Pflichtprogramm, das sie absolvieren müssen. Betrachten Sie es als eine Werkstatt der Ideen. Das ein oder andere Werkzeug wird Ihnen sofort gefallen und Sie werden es nutzbringend anwenden. Andere werden Sie möglicherweise nicht in Betracht ziehen. Das ist auch ganz in Ordnung so. Denn zu einer schönen und erfüllenden Partnerschaft gibt es nicht nur einen Weg, der für alle gleichermaßen gilt. Jeder Mensch ist einmalig und so verschieden wie die Menschen sind, so verschieden sind auch ihre Wege zur Partnerschaft.

Nun nehme ich es in Angriff!

Vermutlich sind Sie kein »eingefleischter« Single, der den dringenden Wunsch verspürt, sein ganzes Leben ohne Partner zu verbringen. Sie sind einfach nur für einige Zeit allein. Sie bringen Ihr Leben ins Lot, justieren den Kompass neu oder verschnaufen einige Monate oder vielleicht auch Jahre. Das ist verständlich, angesichts der Turbulenzen, die das Ende einer Beziehung in der Regel mit sich bringt.

Da Sie sich für dieses Buch entschieden haben, können Sie sicher sein: Das Ende Ihrer Single-Phase ist näher als Sie glauben. Woher ich das weiß? Ganz einfach: Wer, wie Sie, nach Rat sucht, der hat die Zeit der Ablehnung einer neuen Partnerschaft (»Nie wieder!«) bereits durchlebt. Auch die Do-it-yourself-Phase (»Das schaffe ich schon irgendwie allein!«) liegt hinter Ihnen. Sie sind in der letzten Phase angekommen und die heißt: »Nun nehme ich es in Angriff!« Dabei will ich Sie mit diesem Buch begleiten.

Auch die wahre Geschichte von Bettina und Andreas wird Sie begleiten. Beide erzählen vom Ende ihrer alten Beziehungen, von der Sehnsucht nach einer neuen Liebe, von ihrem Zusammentreffen, vom Verliebtsein und vom ersten Streit. Lassen Sie sich von dieser Geschichte inspirieren.

Die Geschichte von Bettina und Andreas

Bettina gerät ins Schlingern

Bettinas Gefühlsleben war ins Schlingern geraten, nachdem ihr Mann sie – letztlich doch überraschend – aus dem gemeinsamen Haus geworfen hatte; und das nach 16 Ehejahren. Im Grunde hatte sie schon lange gewusst, dass ihre Ehe nur noch auf dem Papier bestand. Bernhard hatte sie in den vergangenen Jahren auch immer wieder betrogen. Trotz guter Vorsätze, die er nach Aussprachen fasste, hatte sich nichts geändert.

Sie fragte sich, wie sie wohl nach so vielen Jahren ihr Leben ohne Mann meistern wird? Und wie sich ihre Kinder, die 16-jährige Tochter und der 15-jährige Sohn, weiter entwickeln werden, wenn der Vater nicht mehr so präsent ist? Im Grunde war sie zuversichtlich, denn sie konnte Probleme anpacken. Ferne Zukunftspläne allerdings wollte sie momentan nicht schmieden. Doch ein Satz ihres Vaters kam ihr in den Sinn:»Das Leben ist wie es ist«, hat er oft gesagt.»Immer endet etwas. Und etwas Neues beginnt.« Nach einigen Sekunden hat er noch nachgeschoben:»Wir wissen nur nicht genau, was.«

Andreas streitet nicht mehr

Nach einer heftigen Auseinandersetzung wusste Andreas,

dass dies der letzte Streit war. Seit Monaten ging das nun schon so. Immer stritten sie um Kleinigkeiten, etwa um den Abwasch oder darüber, welchen Film sie anschauen könnten oder um das nächste Urlaubsziel. Es schien ihm, als könne er seiner Frau gar nichts mehr recht machen. Ständig brauste sie auf, und immer öfter knallten Türen. Diese sinnlosen Auseinandersetzungen löschten die Erinnerungen an frühere Jahre, als sie zusammen glücklich waren, nach und nach aus. Am Ende wollte er nur noch seine Ruhe – und die bekam er auch. Mehr sogar als ihm lieb war. Sie packte ihre restlichen Dinge zusammen, die sie noch in der gemeinsamen Wohnung hatte. Der letzte Blick, eine letzte stumme Umarmung – dann war sie fort.

Zuerst fühlte er sich befreit und wunderte sich, wie wenig ihn das Ende dieser Beziehung berührte. Doch schon am Abend kam er sich verloren vor und ihm kamen sogar die Tränen.

1.

Das Leben ist schön – auch ohne Partner

Je zufriedener wir mit unserem Leben sind, desto größer ist die Chance, dem Partner fürs Leben zu begegnen. Denn wenn wir uns in unserem Singledasein wohl fühlen, suchen wir entspannter nach ihm. Grund genug also, sich sein Leben angenehm einzurichten, neue Freunde zu suchen, endlich den geplanten Sportkurs zu belegen und die Wohnung aufzumöbeln ●

Lange Singlephasen

Nach meiner Erfahrung gibt es nur sehr wenige »echte« Singles, also Menschen, die freiwillig, bewusst und dauerhaft auf eine Partnerschaft verzichten wollen. In der Regel bleiben Menschen nach einer beendeten Beziehung einfach eine Zeit lang Single. Es gibt aber auch Menschen, die sich nach dem Ende einer Partnerschaft gleich wieder auf die Suche nach einem neuen Partner begeben. Oder sie wechseln von einer Beziehung zur nächsten, weil sie sich bereits vor dem Ende der alten Beziehung neu verliebt haben. Insbesondere Menschen, die nicht gut allein sein können, verhalten sich so – oder es »passiert« ihnen. Sie brauchen den neuen Partner, um sich lösen oder den alten schneller »vergessen« zu können.

Die meisten Menschen jedoch warten ab, bis sich der seelische Aufruhr der Trennung weitgehend gelegt hat. Sie nutzen die Zeit, um das Ende ihrer Partnerschaft zu verarbeiten. Diese Phase ist für ihre Entwicklung sehr wichtig, damit sie sich später wieder auf eine neue Beziehung einlassen können. Besonders nach langen Beziehungen bleiben viele Menschen sogar für einige Jahre allein. Singlephasen von fünf oder acht Jahren Dauer sind deshalb keinesfalls ungewöhnlich.

→ **Tipp:** Lassen Sie sich von niemandem einreden, sie müssten sich schnell neu binden. Genießen Sie lieber Ihre Singlephase in vollen Zügen. Das kommt Ihrer Persönlichkeitsentwicklung zugute und damit auch Ihrer zukünftigen Partnerschaft ●

Manchmal steckt hinter einer langen Singlephase aber auch die Angst vor einer erneuten Enttäuschung nach dem Motto: *Das passiert mir (so) nicht noch einmal.* Erst wenn wir sicher genug sind, alte Fehler nicht zu wiederholen und alte Verletzungen nicht noch einmal erleiden zu müssen, wächst auch unsere innere Bereitschaft, uns erneut zu binden. Müssen wir dagegen davon ausgehen, dass wir doch nur wieder an denselben Klippen stranden, sind wir für eine neue Beziehung noch nicht offen und suchen deshalb entsprechend verhalten – oder gar nicht. Lange Singlephasen können also auch Selbstschutz sein.

Wenn Sie das Gefühl haben, schon zu lange unfreiwillig Single zu sein, sich aber nicht recht erklären können, weshalb, könnten für Sie die folgenden Vorschläge hilfreich sein:

● Denken Sie zunächst einmal positiv über Ihre Singlephase. Die Angst vor einer erneuten Niederlage hält Menschen völlig zu Recht von einer weiteren Partnerschaft ab.

- Lesen Sie Bücher zum Thema Partnerschaft und Liebe. Das kann Sie auf völlig neue Ideen bringen, wie Sie Ihre zukünftige Beziehung gestalten wollen. Sie werden sehen: Damit steigt auch Ihr Mut, sich wieder auf die Suche zu begeben.

- Eine intensive Auseinandersetzung mit der alten Beziehung und den Gründen für ihr Scheitern kann langjährigen Singles neuen Mut zur Partnersuche machen. Dabei helfen natürlich weder Schuldzuweisungen an den alten Partner noch zerknirschte Selbstanklagen (»Hätte ich doch nur ...«). Gespräche mit guten Freunden helfen schon eher. Kommen Sie dabei nicht voran, scheuen Sie sich nicht, professionelle Hilfe in Anspruch zu nehmen, etwa in Form eines Coachings oder einer Psychotherapie.

- Denken Sie über Ihre letzte längere Beziehung nach. Was war möglicherweise so frustrierend, dass Sie zu sich gesagt haben könnten: »Das passiert mir so nicht noch einmal!«

Erkennen Sie Ihre Beziehungsmuster

Geraten Sie immer wieder an denselben Typ Mann oder Frau, obwohl Sie sich geschworen haben: *Das passiert mir nicht noch einmal?* Dann könnte ein Beziehungsmuster dahinter stecken, das Sie erst knacken müssen, um glücklich zu werden. So wie Kurt, der sein Muster erkannt hat:

Beispiel: »Es war immer dasselbe: Ich lernte eine Frau kennen und war anfangs sehr interessiert an ihr. Doch sobald die Beziehung enger wurde und es zum Sex hätte kommen können, entwickelte ich starke Ängste. Gleichzeitig begann ich, die Frau nicht mehr attraktiv zu finden, ja regelrecht abstoßend. Dann brach ich die Beziehung sofort ab. Das erlebte ich im Verlauf mehrerer Jahre bestimmt acht bis zehn Mal. Meine ständigen Beziehungsabbrüche haben mich sehr frustriert. Anfangs dachte ich, ich hätte eben jedes Mal festgestellt, dass diese Frauen doch nicht die richtigen für mich sind. Aber nach einiger Zeit wurde mir klar, dass es an mir lag. Dass mich irgendetwas vor einer verbindlichen Beziehung zurückschrecken ließ.

Ich entschied mich dann für eine Therapie. Dadurch habe ich viel besser verstanden, warum ich solche Probleme habe, mich auf Beziehungen einzulassen. Ich wurde als Kind von meiner Mutter und meiner Schwester sehr verwöhnt. Ich hatte keine Pflichten oder Aufgaben zu erledigen. Alles wurde für mich gemacht. Auf der anderen Seite aber gab es eine Fülle unausgesprochener Erwartungen an mich. Und natürlich wollte ich meine Eltern nicht enttäuschen. Daher sitzt tief in mir das Gefühl, dass eine enge Beziehung sehr viele Einschränkungen meiner Freiheit mit sich bringt.

Als Kind zog ich mich gern zurück in mein Zimmer, um allein zu spielen. Das Bedürfnis, mich zurückzuziehen, habe ich heute noch oft und sicherlich häufiger als andere. Und es ist gekoppelt an die leise Angst, diese Freiheit in einer Partnerschaft nicht mehr haben zu dürfen.

Die Erkenntnis, dass er selbst sein Liebesleid verursacht hat, fiel Kurt nicht leicht. Doch seit er seine Bindungsangst und ihren Grund erkannt hat, hat er Beziehungen nicht mehr von heute auf morgen abgebrochen.

Nur zu oft begehen wir in einer neuen Partnerschaft genau die Fehler, die uns schon in der oder den alten unterlaufen sind. Unserer anfänglichen Verliebtheit folgt dann immer wieder die Enttäuschung. Und um uns die abermaligen Schmerzen und Leiden zu ersparen, fassen wir irgendwann womöglich frustriert den Entschluss, fortan ganz die Finger von Beziehungen zu lassen. Das bewahrt uns zwar am sichersten vor Liebeskummer – aber auch vor Liebesglück. Erst wenn wir die Muster erkennen, die uns immer wieder in dieselbe Beziehungsfalle tappen lassen, können wir eine neue, eine ganz andere Beziehung führen, die hält und uns wirklich glücklich macht.

Wie können Sie Ihre Muster knacken? Lernen Sie aus Ihren bisherigen Erfahrungen, fragen Sie sich:

- Welche Probleme trage ich in Beziehungen hinein?
- Welche Partner wähle ich?
- Warum tue ich das?
- Was könnte ich verändern?
- Wie könnte ich Partnerschaften eine andere Bedeutung geben?
- Welche Konflikte tauchen auf, und wie kann ich mich Ihnen stellen?

Wenn Sie Antworten auf diese und ähnliche Fragen finden, erhalten Sie einen Schlüssel zu Ihren Partnerschaftsproblemen. Sie werden entschlossener und zugleich gelassener auf Partner zugehen. Sie werden dann eine neue Partnerschaft als Lernchance begreifen und nicht als Lebenssituation fürchten, die Ihnen doch nur wieder eine Niederlage einbringt.

Typische Beziehungsmuster

Psychologen kennen eine Menge sogenannter Beziehungsmuster, die uns konsequent Leid bescheren und sogar ganz von einer Partnerschaft abhalten können. Hier einige Beispiele:

Überlegenheitswahl: Manchmal, meist unbewusst, gibt der Wunsch nach Überlegenheit den entscheidenden Ausschlag bei der Partnerwahl, etwa wenn eine Frau immer wieder an Alkoholiker gerät. Dahinter kann der Wunsch stecken, zu helfen und zu heilen und von einem Schwächeren gebraucht zu werden. Auch ein Mann, der sich eine Partnerin sucht, die weniger gebildet ist als er und die er gern belehrt, kann diese Überlegenheit genießen.

Distanzwahl: Er wohnt in Hamburg, sie in München. Warum hat sie sich ausgerechnet in ihn verliebt? Wenn das mehr als einmal vorkommt, könnte dahinter der Wunsch nach Abstand oder die Angst vor zu viel Nähe stecken.

Wahl des Unerreichbaren: Sie ist verheiratet, und trotzdem verliebt er sich unsterblich in sie. Nach einer leidenschaftlichen Affäre kehrt sie zu ihrem Ehemann zurück. Einige Zeit später verliebt er sich erneut in eine gebundene Frau und erlebt dasselbe Muster. Will er eigentlich eine feste Beziehung? Will er überhaupt die erste Geige bei einer Frau spielen?

Wahl eines Streitpartners: Ihre Beziehung ist eine einzige Dissonanz. Nur ab und zu (vielleicht bei der Versöhnung im Bett?) kommen kurze Takte von Gleichklang auf – um unweigerlich wieder unterzugehen in heftigem Streit. Das ist eine trickreiche List, um sich den anderen vom Leib zu halten. Distanz garantiert!

Komplettierungswahl: Er ist eher distanziert und wählt zielsicher nähebedürftige Partnerinnen. Eine perfekte Ergänzung seines Charakters, könnte man meinen. Doch es geht nur selten gut, weil zwischen ihrem Bedürfnis nach Nähe und Intimität und seinem nach Distanz Welten liegen.

Werden Sie Ihre Beziehungsmuster los

Leider genügt es nicht, wenn Sie einfach beschließen, dass in Zukunft alles anders wird. Ein Beziehungsmuster wird im Laufe vieler Jahre gestrickt, oft schon in der Kindheit. Um es wieder aufzudröseln, brauchen Sie Zeit. Gehen Sie in sechs Schritten vor.

1. Suchen Sie zuerst nach wiederkehrenden Mustern in Ihren Beziehungen. Grundsätzlich können viele Ursachen hinter Beziehungsmustern stecken, etwa Bindungsangst und Harmoniesucht. Um Ihren eigenen Mustern auf die Schliche zu kommen, lassen Sie Ihre letzten Beziehungen vor Ihrem inneren Auge Revue passieren. Fallen Ihnen wiederkehrende Momente und Probleme ein, die auf ein Muster hinweisen? Fragen Sie auch Freunde nach ihren Beobachtungen und Meinungen.

   Sind Sie in Ihrer Selbsterkenntnis ein Stück weiter, haben Sie all jenen viel voraus, die meinen, es seien immer die Partner schuld, wenn ein Beziehungsversuch scheitert. Damit halten Sie den Schlüssel zur Veränderung Ihrer eingefahrenen Einstellungen und Verhaltensweisen in der Hand.

2. Freunden Sie sich mit Ihren Beziehungsmustern an. Schließlich sind sie treue Begleiter – und werden es wohl noch einige Zeit bleiben. Sie sind ein Teil von Ihnen. Und indem Sie sich anfreunden, verlieren sie ihre Macht über Sie. Sie können Sie nicht mehr so leicht ins Bockshorn jagen.

3. Beschäftigen Sie sich intensiv mit den Themen, die sich in Ihren Beziehungsmustern zeigen, etwa mit Nähe, Aggression oder Streit. Lesen Sie gute Ratgeberliteratur darüber und schreiben Sie Ihre Gedanken auf.

4. Sprechen Sie mit Freunden über Ihre Gedanken und Ansich-

ten zu diesen Themen und über Ihre Beziehungsmuster. Mit der nötigen Offenheit werden Sie viele Denkanstöße bekommen und eine Menge Klarheit in Ihr Leben bringen. Wenn Sie auf diese Weise nicht weiter kommen, ziehen Sie auch eine Therapie in Erwägung.

5. Setzen Sie sich neue Ziele, die Sie von Ihren alten Verhaltensmustern abbringen. Besprechen Sie diese Ziele auch mit Freunden, die bereit sind, Ihnen bei der Verwirklichung zur Seite zu stehen.

6. Freuen Sie sich über jeden kleinen Fortschritt – auch wenn Sie noch nicht am Ziel sind. Ist es Ihnen zum Beispiel gelungen, einen Macho oder eine Übermutter links liegen zu lassen, obwohl er oder sie Sie magnetisch angezogen hat, dann ist das ein Grund zur Freude! Und ärgern Sie sich nicht darüber, dass es nicht schneller geht oder manchmal sogar einen Schritt zurück. Sie werden es schaffen, wenn Sie wollen!

Von Single-Männern und Single-Frauen

Neben ganz individuellen Prägungen, die sich in Beziehungsmustern zeigen, spielt auch unser Geschlecht eine Rolle dabei, wie wir uns in Partnerschaften verhalten. Mit Aussagen über Unterschiede zwischen Männern und Frauen bin ich aber lieber vorsichtig. Statistisch gesehen sind die Unterschiede zwischen den Geschlechtern sicherlich nicht zu leugnen: Die meisten Männer binden sich nach einer Trennung deutlich schneller wieder als Frauen. Das hält einzelne Männer aber nicht davon ab, sich sehr viel Zeit zu lassen bei ihrer Suche – sehr viel mehr Zeit sogar als die allermeisten Frauen. Wenn wir jedoch nur den Einzelfall betrachten, lernen wir nichts über das Verhalten von Männern und Frauen. Deshalb soll es bei den folgenden Zuschreibungen nicht um Einzelfälle, sondern um Single-Männer-typische und Single-Frauen-typische Beobachtungen gehen.

Mann emanzipiert sich

Single-Männer leiden in der Regel weit mehr unter dem Alleinleben als Frauen. Ihnen fehlt nämlich die Frau als Zuhörerin, Seelentrösterin und Organisatorin von Alltag und Freundeskreis. Allerdings bekennen sich Männer nur selten zu ihrem Kummer, sie gestehen noch nicht einmal sich selbst ein, wie schlecht es ihnen geht. Sie sitzen wie ein bibbernder Frosch am Brunnenrand, ohne zu wissen, warum sie frieren: Weil ihnen die Wärme und Geborgenheit einer Beziehung fehlt. So zittern sie vor sich hin, gequält von latenter Unzufriedenheit und einem Gefühl unbestimmter Leere.

Tipp: Sagen Sie sich: Selbsterkenntnis ist der erste Schritt zur Besserung. Wenn Sie erkannt haben, weshalb Sie sich unwohl fühlen, sollten Sie versuchen, genau die Fähigkeiten zu entwickeln, die Sie an einer Partnerin schätzen würden. Sie könnten zum Beispiel lernen, für sich selbst etwas Gutes zu kochen. Und Sie sollten sich um Ihren Freundeskreis kümmern, vor allem Freundschaften zu Menschen – Männern wie Frauen – pflegen, mit denen Sie über Persönliches sprechen können, über Gefühle und Probleme. Auf jeden Fall ist es wichtig, Ihr Leben als Single so zu gestalten, dass Sie sich wirklich wohl fühlen und nicht nur sehnsüchtig auf den erlösenden Kuss einer Prinzessin warten ●

✗ ***Beispiel:*** Das wäre auch für Eberhard wichtig. Er ist 35 Jahre alt und arbeitet als Sonderschullehrer – ein Beruf, der ihm viel Freude macht. Allerdings hat er im Privaten wenig Erfolg. Irgendwie findet er nicht »die Richtige«. Außerdem wohnt er seit fast zehn Jahren in einer Wohngemeinschaft und ist damit so gar nicht glücklich. Im Flur herrscht Chaos, in der Küche türmt sich oft der Abwasch. Schon seit Jahren möchte Eberhard sich eine eigene Wohnung suchen, aber immer wieder verschiebt er es auf später.

»Ich müsste mir eigentlich mal eine Wohnung suchen«, sagt er. In seinem Zimmer stapelt sich jede Menge Material aus seiner Studentenzeit in einer Ecke, und Eberhard lächelt entschuldigend. Er knipst einen Klemmstrahler an, der an einem Deckenfluter befestigt ist. »Der Deckenfluter ist vor neun Monaten kaputt gegangen und sollte längst repariert sein«, erzählt er mir. Er bietet mir einen Sessel zum Sitzen an. Er selbst setzt sich auf den Boden, weil kein weiterer Stuhl zur Verfügung steht.

Eberhard hat kein Zuhause, in dem er sich wohl fühlt. Das weiß er selbst, schiebt das Notwendige aber immer wieder hinaus. So wird sich an seiner Lebenssituation nichts ändern. Statt sich mit einem »ich müsste« zu entschuldigen, sollte er es endlich anpacken und seine Situation ändern. Das wird ihm im Laufe unseres Gesprächs immer klarer. Er entschließt sich, sich einen Ruck zu geben und eine neue Wohnung zu suchen – bevor er eine Partnerin sucht.

Ziehen Sie also um, wenn es nötig ist. Oder verschönern Sie Ihre Wohnung. Sie sollten sich absolut wohl fühlen in Ihrem Nest. Wer nur ungern nach Hause kommt, weil seine Wohnung lediglich als Schlafstatt oder gar nur als Lagerhalle dient, der schränkt seine Freude am Leben beträchtlich ein.

Hilfe, ich bin zu dick!

Zu dick, zu dünn, zu klein, zu groß, zu blond, zu dunkelhaarig – sind das die Gründe, warum es bei der Partnersuche nicht klappt? Frauen neigen stärker als Männer dazu, ihre Attraktivität weitgehend an ihrem Äußeren zu messen. Dabei achten sie besonders darauf, inwieweit sie den gängigen Vorstellungen jener Schönheit entsprechen, die uns Modezeitschriften und Fernsehserien vermitteln. Diese »Ideale« erfüllen jedoch gerade einmal 1 Prozent der Menschen, und es ist bekannt, dass diese keinesfalls glücklicher leben als die restlichen 99 Prozent.

Wenn wir einen Partner für immer und ewig suchen, ist es jedoch wichtig, dass wir mit uns selbst, unserer äußeren Erscheinung und unserer Lebensgestaltung insgesamt zufrieden sind. Ist das bei Ihnen nicht der Fall, so sollten Sie in der Tat etwas ändern: Fangen Sie gleich morgen mit Sport an oder nehmen Sie meinetwegen auch ein paar Kilo ab. Aber das sollten Sie nur tun, um sich selbst wohler zu fühlen. Und nicht etwa weil Sie annehmen, dass sich damit Ihre Chancen beim Flirten erhöhen. Denn das können Sie getrost vergessen.

Allzu viele Frauen, aber auch Männer laufen dem gesellschaftlichen Schönheitsideal hinterher und verbiegen dabei sich und ihre Persönlichkeit, statt einfach nur sie selbst zu sein.

> **Tipp:** Lassen Sie sich nicht einreden, dass Sie zahlreiche Veränderungen an Ihrem Äußeren nötig haben. Stehen Sie zu sich selbst. Sie werden sehen, dass eine solche Haltung Ihrem Ego gut tut und damit Ihrer Ausstrahlung zugutekommt

Nicht jede Frau sucht den gleichen Typ Mann, und nicht jeder Mann sucht den gleichen Typ Frau – zum Glück! Wenn das wirkliche Leben einer Regel folgt, dann lautet sie: Jeder Typ findet seine Bewunderer. Einerlei wie Sie aussehen: Sie können sich sicher sein, dass es sie gibt, die Männer und Frauen, die Sie so mögen, wie die Natur Sie geschaffen hat.

Ausschlaggebend ist die Ausstrahlung. Sie ist die wichtigste Attraktion eines Menschen. Voraussetzung für eine einnehmende, im Wortsinn liebens-werte Ausstrahlung ist aber, dass wir uns in unserer Haut wohl fühlen. Wer notorisch an seinem Aussehen und seiner Lebenssituation herumkrittelt, verabreicht sich nicht nur selbst eine bittere Pille, sondern verhindert auch eine positive Ausstrahlung – und damit die Aussicht auf erfolgreiche Flirts.

Ist es nicht traurig, allein zu sein?

Die Vorstellung, eine Frau sei nur mit Mann »komplett«, ist in vielen Frauenköpfen noch fest verankert, obwohl sie längst überholt ist und nicht mehr in unsere Zeit passt. Sie ist ein regelrechter Hemmschuh, wenn Sie Ihr Leben genießen wollen. Denken Sie daran: Je wohler Sie sich fühlen, desto positiver ist Ihre Ausstrahlung auf andere, auch auf mögliche Partner.

Nach wissenschaftlichen Untersuchungen ist es um das Wohlergehen von Frauen, die einige Zeit allein leben, in der Regel sogar sehr gut bestellt. Sie leiden zum Beispiel wesentlich seltener an Depressionen und sind insgesamt psychisch stabiler als fest liierte Frauen. Letztere verwenden oft zu viel Energie darauf, dass es ihrem Partner gut geht. Dabei »vergessen« sie nur zu leicht ihre eigenen Bedürfnisse. Frauen ohne festen Partner haben dagegen mehr Muße, sich um sich selbst zu kümmern und sich Gutes zu tun.

Nehmen Sie Ihre Partnerlosigkeit – als Frau und als Mann – nicht zum Anlass, Trauer zu tragen, sondern lassen Sie sich positiv auf sie ein. Begreifen Sie sie als Chance, Ihr Leben selbstbestimmt zu gestalten und unbeschwert zu genießen. Sorgen Sie für Ihre eigene Zufriedenheit. Wenn Ihnen das gelingt, dürfte Ihre Zeit als Single bald zu Ende sein.

Die Geschichte von Bettina und Andreas

Andreas macht einen Kochkurs

Am schlimmsten war es für ihn, abends nach Hause zu kommen und in die dunkle, kalte Küche zu schauen. Keine Suppe stand dampfend auf dem Herd. Der Backofen war leer. Was hatte er ihre Aufläufe geliebt! Und die vielen Nudelsoßen, die sie kochen konnte! Schnell machte er sich eine Tiefkühl-Pizza. Missmutig schlang er sie dann in sich hinein. Nicht einmal der Rotwein schmeckte ihm wirklich dazu.

Nach drei Monaten war er all die Dosen, Tütensuppen, Tiefkühlgerichte und Restaurantbesuche leid und meldete sich zu einem Kochkurs an. Es gab sogar Single-Kochkurse! Eine Frau wollte er dabei nicht unbedingt kennen lernen. Aber zusammen mit anderen Singles machte das Kochen einfach mehr Spaß als mit glücklichen und verliebten Paaren.

Und siehe da – es war ein richtig netter Mann dabei, Ralf, mit dem er schließlich auch privat öfter zusammen kochte. Am schönsten fand er es dann, wenn ihm ein Auflauf besonders gut gelang. Dann prosteten sie sich zu und voller Genuss aßen sie zusammen.

Prinz(essin) verzweifelt gesucht

Viele Menschen setzen ihre gesamte Energie für die Partnersuche ein. Weshalb diese Rastlosigkeit? Oft verbergen sich hinter dem glühenden Wunsch nach einer festen Beziehung persönliche Probleme und die Unfähigkeit, das eigene Leben zufrieden zu gestalten. Statt sich damit auseinanderzusetzen, hoffen sie auf ihren »Lebensretter«. Die Devise lautet: *Wenn ich ihn finde, dann wird alles gut.* Weil wir unser Leben nicht auszufüllen wissen, soll er die Lücken stopfen. Doch welcher Traumprinz und welche -prinzessin ist schon ein begeisterter Lückenbüßer?

✗ **Beispiel:** »Ich suche jetzt weniger hektisch«, sagt Bernd und zieht die Stirn kraus. Bernd ist schon lange unermüdlich auf der Suche nach der Frau fürs Leben – bisher vergeblich. Inzwischen ist dem 32-jährigen Architekten klar geworden, dass er sich eine Partnerin wünscht, die auf eigenen Beinen steht, sich Lebensziele gesteckt, Freunde und Hobbys hat. Eine eigenständige Frau also. Und die wird sich bestimmt nicht für ihn interessieren, wenn er ständig nur Händchen halten will und ihm nur ein Leben in trauter Zweisamkeit vollwertig erscheint. Was hat ihn ruhiger werden lassen? »Aus Fehlern wird man klug, heißt es so schön. Meine beiden letzten Flirts waren ganz schnell zu Ende, weil ich zu sehr geklammert habe.« Schon nach ein oder zwei Wochen konnte Bernd es sich nicht verkneifen zu fragen, wie oft man sich denn so sehen wolle. »Beide Frauen waren irritiert – erst recht, als ich drei Treffen pro Woche vorschlug. Keine wollte sich festlegen. Ihnen war es zu viel und mir zu wenig: Am Liebsten hätte ich sie vier- oder gar fünfmal pro Woche gesehen.«

Bernd hat seine Schlussfolgerungen gezogen: »Ich muss lernen, selbstständig zu leben, unabhängig von einer Partnerin.

Ich will mich auch allein wohl fühlen und nicht nur in der Zweisamkeit. Nähe und Distanz schließen sich ja nicht aus.« Noch klingt es aus seinem Mund wie ein Lippenbekenntnis. Doch mittlerweile ist er sich ganz sicher: »Andernfalls finde ich nie die Partnerin, die ich suche.«

Menschen wie Bernd haben Angst, allein durchs Leben zu gehen. Und diese Angst ist bei der Suche nach dem Partner fürs Leben ein großes Problem, denn unser Gegenüber spürt sie – und geht auf Abstand. Wer so angestrengt wie Bernd nach einem Patner sucht, der steht unter Stress. Das erkennen Menschen, denen wir begegnen, an unserer Gestik, unserer Mimik und an unserem Verhalten. Häufig verrät bereits der Blick den unbändigen Wunsch nach einer Beziehung. Derlei Signale schlagen neue Bekanntschaften prompt in die Flucht. Wer sich wie Bernd gleich nach dem Kennenlernen krampfhaft an den vermeintlichen »Rettungsring« klammert, den er am liebsten nicht mehr loslassen würde, dem laufen fast alle schleunigst wieder davon. Wer könnte es ihnen verdenken?

Wenn Sie also auf Partnersuche sind, gilt an erster Stelle: Je ausgiebiger Sie Ihr Alleinsein genießen, desto rascher kann sich Ihre Situation ändern.

Single mit Muße

Genießen Sie Ihr Singlesein in vollen Zügen, dann ist die kommende Partnerschaft die Sahnehaube auf der Torte Ihres Lebens. Gehen Sie Ihre Suche gelassen an. Kommt die Liebe heute nicht, dann kommt sie eben morgen! Diese Einstellung macht Sie locker. Und das wiederum wirkt sich positiv auf Ihr Vorhaben aus.

Gönnen Sie sich ruhig einmal eine Auszeit. Sie befreit sie vom andauernden Stress, schnellstmöglich »Erfolg« haben zu müssen. Eine solche Pause gibt Ihnen Gelegenheit, sich in Ruhe mit all den Anregungen auseinanderzusetzen, die Sie beim Lesen dieses Buches erhalten. Freuen Sie sich auf eine Phase des Nachdenkens und Hinterfragens. Stören Sie sie nicht durch nervenaufreibende Rendezvous. Sie werden sehen: Anschließend gehen Sie die Dinge gelassener an.

Richten Sie Ihre Energie auf Ihr eigenes Leben. Haben Sie nicht einige Vorsätze immer wieder auf die lange Bank geschoben? Sie könnten sie jetzt in Angriff nehmen. Fangen Sie an zu joggen. Renovieren Sie Ihre Wohnung oder bepflanzen Sie Ihren Balkon. Lernen Sie eine Fremdsprache oder belegen Sie einen Kurs über chinesische Medizin. Wann, wenn nicht jetzt? Denken Sie daran, wie wenig Zeit Sie für derlei Dinge haben werden, wenn Sie wieder mit einem Partner durchs Leben gehen.

Oft erwischt uns die Liebe genau dann, wenn wir nicht mit ihr rechnen. Manch einer bringt Jahre mit der hartnäckigen Suche nach seiner Prinzessin zu, bevor er sich eingesteht, dass er dabei nicht glücklicher, geschweige denn fündig wird. Und wenn er sich dann eines Tages endlich entspannt, sitzt *sie* in einem Café am Nachbartisch und lächelt ihn an. Und er lächelt zurück.

Hat es also keinen Sinn, aktiv zu suchen? Soll man den Dingen einfach ihren Lauf lassen? Nun, das gewiss nicht. Partnersuche erfordert Mobilität. Wir müssen unter Menschen kommen, neue Menschen kennen lernen. Aber Erfolg lässt sich nicht erzwingen. Wir müssen auch dem Zufall eine Chance geben. Dafür bedarf es innerer Gelassenheit, denn sie ist der höchste Trumpf bei der Partnersuche. Die besten Karten hat, wer sich sein Leben so einrichtet, dass es auch ohne Partnerschaft erfüllt ist. Denn zu dauerhaftem Glück verhelfen Interesse an der Welt, Aufgeschlossenheit den Menschen gegenüber und die Auseinandersetzung mit sich selbst. Das war schon in alten Zeiten so, als das Wünschen noch half und tapfere Prinzen Prinzessinnen von ihrem Schicksal erlösten.

Das wahre Märchen von Dornröschen

Vor langer, langer Zeit kam ein Prinz zu einem Schloss, das von einem hohen Dornengestrüpp umrankt war. Der Prinz hatte gehört, dass hinter diesen Hecken eine schöne Prinzessin in einen hundertjährigen Schlaf gefallen war und nur ein Prinz sie mit einem Kuss daraus erwecken könne. So zog er sein Schwert und bahnte sich mit wuchtigen Hieben einen Weg zum Turm. Nachdem er die schwere Tür geöffnet hatte, hörte er seltsame Geräusche, denen er folgte. Er traute seinen Augen kaum, als er in einer Kammer eine wunderschöne Prinzessin sah, die an einem Spinnrad saß und fröhlich vor sich hinträllerte. Das sah gar nicht nach hundertjährigem Schlaf aus!

Eine Weile sah ihr der Prinz sprachlos zu, bevor er sich endlich höflich vorstellte und ihr zur Begrüßung sogar einen Kuss gab – einen Handkuss allerdings, denn nur schlafende Prinzessinnen küsst man auf den Mund.

Die beiden unterhielten sich angeregt. Als der Prinz gerade allen Mut zusammennahm, um die Prinzessin zu fragen, ob sie ihm in sein Schloss folgen wolle, sprang diese urplötzlich auf, rief ihm im Hinausgehen zu, dass sie leider jetzt eine wichtige Verabredung habe. Der Prinz ging ihr nach und sah noch, wie die Prinzessin durch einen kleinen Geheimgang in der Dornenhecke entschwand und in einer Kutsche davonfuhr.

Erst am Abend sah der Prinz die Prinzessin wieder. Sie hatte leicht gerötete Wangen, was ihr außerordentlich gut stand.

Nach einem gemeinsamen Essen lud sie den Prinzen noch zu einer Tasse Kräutertee auf den Dachgarten ein. Dort plauderten sie angeregt miteinander. Die Prinzessin schwärmte von wundervollen neuen Stoffmustern, die sie gerade mit der Prinzessin aus dem Nachbarschloss entworfen hatte. Der Prinz war fasziniert, denn eine Prinzessin mit solchen Interessen hatte er bisher noch nicht getroffen. Zu keiner Minute wurde es langweilig mit ihr, immer wusste sie etwas zu erzählen. Sie war so ganz anders als die farblosen Prinzessinnen, die er bislang kennen gelernt hatte.

Nach einer Weile allerdings sprang die Prinzessin wiederum unvermittelt auf.»Ich bin ja so müde!«, sagte sie.»Und morgen wird ein langer Tag«, fügte sie hinzu – und schon war sie verschwunden. Enttäuscht verließ er das Schloss.

Als der Prinz am nächsten Tag zurückkam, war die Prinzessin bereits wieder unterwegs, und so versuchte er sein Glück beim König.»Ihre Tochter ...«, begann der Prinz das Gespräch. Aber er wurde gleich unterbrochen.

»Oh, meine Tochter!« Der König blickte sorgenvoll.

»Sie ist viel unterwegs«, sagte der Prinz zaghaft.

»Ja, das ist sie.«

»Von hundertjährigem Schlaf keine Spur.«

»Wer hat Ihnen denn dieses Ammenmärchen erzählt?«, entfuhr es dem König, und er zog die Stirn in Falten. Dann strich er sich dreimal über seinen langen grauen Bart.»Nun gut«, sagte er nach einer Weile,»ich will Ihnen reinen Wein einschenken: Als die Prinzessin geboren wurde, da erschienen zwei Feen. Doch leider war die erste in Wirklichkeit eine böse Hexe. Kaum hatte sie das Kind in der Wiege gesehen, stieß sie eine Verwünschung aus: Niemals solle sie einen Mann finden. Sie müsse auf immer und ewig Single bleiben!«

Der König schwieg eine Weile betreten, bevor er weiter

sprach. »Doch dann trat die zweite Fee vor und sagte: Wenn du es aber schaffst, auch ohne Mann glücklich und zufrieden zu sein, dann wirst du eines Tages deinen Prinzen finden.« Dem Prinzen blieb der Mund offen stehen ob dieser seltsamen Geschichte. Hatte man je von einer solchen Prinzessin gehört? Einige Wochen noch besuchte er die Prinzessin täglich, unterhielt sich mit ihr über vielfältige Themen, etwa über Wollqualitäten und Färbeverfahren, aber auch über die Geschehnisse in der Welt und griechische Mythologie. Manchmal spielten sie zusammen auf dem Spinett oder lasen gemeinsam in einem Buch. Eines Tages nahm er sich dann endlich ein Herz und hielt um ihre Hand an. Zu seiner Überraschung sah sie ihn nur kurz an und sagte dann sofort »ja«.

Arbeit, Freundschaften, Interessen: drei sichere Standbeine

Machen Sie es am besten wie Dornröschen. Warten Sie nicht auf die große Liebe, die Ihrem Leben endlich Sinn geben soll. Wer weiß, vielleicht hat ja auch nach Ihrer Geburt eine als Fee getarnte Hexe eine Verwünschung ausgestoßen. Gehen Sie lieber auf Nummer sicher und sorgen Sie selbst für mehr Freude und Stabilität in Ihrem Leben. Drei Standbeine geben Ihnen den nötigen Halt und sorgen für mehr Gelassenheit und Zufriedenheit, womit Sie die besten Chancen haben, eine erfüllende Liebesbeziehung aufzubauen:

- eine befriedigende Arbeit,
- gute, unterstützende Freundschaften,
- Interessen und inspirierende Hobbys.

Erst die Arbeit, dann die Liebe

Unsere Arbeit soll unseren Lebensunterhalt sichern und die materielle Seite unseres Lebens abdecken. Sie sollte uns aber im Idealfall auch erfüllen und Berufung sein. Bei der Beratung von Singles treffe ich immer wieder auf Menschen, die erst dann wieder offen für eine neue Beziehung sind, wenn sie wichtige berufliche Ziele erreicht haben. Das ist auch logisch: Eine Arbeit, die uns Freude macht und unsere Kräfte fordert, verschafft uns Befriedigung, Anerkennung und einen – nicht nur materiellen – festen Stand im Leben. Sie bildet eine sichere Basis, von der aus wir die anderen Bereiche des Lebens erobern können. Wem diese Basis fehlt, der tut sich in der Regel schwer in der Liebe.

✗ **Beispiel:** Auch Marlies hat diese Erfahrung gemacht: »Ich war die Suche so Leid!«, erzählt sie. »Sechs Verabredungen in zwei Wochen. Alle Treffen waren für mich frustrierend, und ich wusste nicht einmal, warum das so war.« Inzwischen sieht Marlies klarer, was sie bei ihren Verabredungen so störte: »Ich fühlte mich diesen Männern gegenüber immer unterlegen.« Marlies hat Germanistik studiert und arbeitete bei einem Radiosender als Sekretärin. »Aber das kann es doch auf Dauer nicht sein. Wofür habe ich denn studiert? Ich wollte einen Beruf, der mich wirklich fordert und meinen Fähigkeiten entspricht.«

Marlies schob das Thema Partnersuche erst einmal zur Seite und begann, sich beruflich neu zu orientieren. Zunächst schrieb sie nebenbei einige Rundfunkbeiträge. Die Arbeit gefiel ihr so sehr, dass sie sich entschloss, künftig als freie Journalistin zu arbeiten, eine anstrengende Tätigkeit. »Ich konnte mich eine ganze Weile kaum von meiner Arbeit ernähren. In dieser Zeit fühlte ich mich überhaupt nicht entspannt genug, einen Mann kennen zu lernen. Wäre mir der Mann meines Lebens über den Weg gelaufen, ich hätte es nicht bemerkt«, meint sie rückblickend. Doch schließlich bekam sie eine feste Stelle bei einer Nachrichtenagentur. Und siehe da: Es vergingen nur wenige Monate, da suchte Marlies wieder aktiv nach einem Partner – und fand ihn.

Marlies hat ihre Situation richtig eingeschätzt. Am Tiefpunkt ihrer Niedergeschlagenheit hätte eine weitere intensive Partnersuche sicherlich die nächste unbefriedigende Beziehung eingebracht. Und davon hatte sie die Nase voll. Marlies zog die Konsequenzen und »verbannte« die Partnersuche eine Zeitlang aus ihrem Leben. Sie steckte all ihre Energien in ihre berufliche Entwicklung – mit Erfolg. Heute hat Marlies ein stärkeres Selbstbewusstsein und fühlt sich Männern gegenüber nicht mehr unterlegen.

Ein solcher »Karriereschub« fällt Frauen ohne Partner oft leichter. Eingebunden in eine Partnerschaft fühlen sie sich von ihren Partnern in der beruflichen Entwicklung häufig mehr gebremst als unterstützt. Oder sie bremsen sich unbewusst selbst, weil für sie die Beziehung an erster Stelle steht. Deshalb ist eine Singlephase für Frauen genau der richtige Augenblick, um beruflich durchzustarten.

Sind Sie unzufrieden mit Ihrem Beruf?

Gehen Sie Schwierigkeiten im Berufsalltag aktiv an. Schieben Sie sie nicht auf die lange Bank in der Hoffnung, dass sie sich von selbst legen werden, wenn erst die große Liebe da ist und Ihr Leben mit einem rosaroten Glanz überzieht. Denn Unzufriedenheit im Beruf ist nicht nur Gift bei der Partnersuche, sondern wirkt sich auch auf eine bestehende Partnerschaft negativ aus.

Nehmen Sie Papier und Stift zur Hand und denken Sie einmal in Ruhe über Ihre beruflichen Wünsche und Ziele nach. Notieren Sie Ihre Vorstellungen so, wie sie Ihnen in den Sinn kommen. Machen Sie noch keine Abstriche. Denken Sie also nicht an die Lage auf dem Arbeitsmarkt, an Ihre Qualifikationen oder finanzielle Absicherungen. Zunächst geht es nur darum, dass Sie sich Ihrer beruflichen Wünsche bewusst werden.

Sortieren Sie in einem zweiten Schritt alle Ideen und Vorstellungen nach ihrer Wichtigkeit und Machbarkeit. Wenn es Ihnen zum Beispiel am wichtigsten ist, Familie und Beruf unter einen Hut zu bringen (Lesen Sie dazu auch den Kasten auf Seite 104), dann streichen Sie Berufswünsche, die sich damit nicht vereinbaren lassen. Auch Berufswünsche, die Qualifikationen erfordern, die Sie nicht haben oder erwerben wollen, können Sie streichen.

Konkretisieren Sie Ihre Vorstellungen durch Gespräche mit Freunden und die Lektüre einschlägiger Bücher. Fragen Sie andere, die ähnliche Vorhaben realisiert haben, nach ihren Erfahrungen. Sprechen Sie vielleicht auch mit Ihrem Chef über Ihren Wunsch, sich zu verändern oder beruflich voranzukommen. Vielleicht kann er Ihnen ein Angebot zur Weiterbildung machen oder Ähnliches. Überlegen Sie sich auch Strategien, wie Sie Ihre Ziele erreichen können, etwa zusätzliche Qualifikationen und Bewerbungsschreiben.

Wenn Sie allein nicht weiterkommen, scheuen Sie sich nicht, professionellen Rat in Anspruch zu nehmen. Gehen Sie zum Arbeitsamt, zu einer Karriereberatung oder einem Bewerbungsspezialisten. Auch ein Coaching hilft, wenn Sie sich beruflich verändern oder neu orientieren wollen, aber auch, wenn es am

Arbeitsplatz häufig zu Konflikten mit Vorgesetzten oder Kollegen kommt.

Freunde fürs Leben

Die Arbeit sollte aber auch nicht zum Ein und Alles werden und andere Lebensbereiche in den Hintergrund drängen. Vor allem Männer versuchen nicht selten, ihr Leben lediglich auf den beiden Säulen Arbeit und Liebe aufzubauen. Dabei vergessen sie etwas Wichtiges, nämlich Freundschaften.

Sie kennen bestimmt auch so einen echten Kerl. Er macht nicht viele Worte, vor allem nicht über Gefühle. Freunde braucht er nicht. Einsam reitet er durch die Prärie, der *Mann ohne Freunde* in G. F. Ungers gleichnamigem Westernroman. Allein bewältigt der »Lonely Rider« sämtliche Hürden und Gefahren. Und wenn seine Heldentaten ihn doch einmal geschwächt haben, tritt prompt eine Frau hilfreich und pflegend an seine Seite. Am Ende siegt – wie sollte es anders sein – ein starker, männlicher Wille über alle Widrigkeiten des Lebens. Er ist fürwahr ein Held, der stolze einsame Wolf.

Nicht nur im Roman und im Film ist der Mann ein einsamer Kämpfer, sondern oftmals auch im wirklichen Leben. Das Ideal vom einsamen, allzeit starken und siegreichen »Mannsbild« geistert in erstaunlich vielen Köpfen herum. Untersuchungen zufolge haben zwei Drittel aller deutschen Männer keine Freunde, mit denen sie über persönliche Probleme sprechen.

Diese »Freundschaftslosigkeit« ist auch in der Beziehung ein großes Problem. Männer bestehen hartnäckig darauf, dass allein ihre Partnerin für all ihre seelischen Belastungen und Nöte zuständig ist. Durch diese männliche Anspruchshaltung fühlen sich Frauen oft überfordert. Die Frau soll dem Mann

Geliebte sein, beste Freundin, Therapeutin und Mutterersatz. Als wäre das nicht schon genug, soll sie den Alltag samt Haushalt, Freunden und gegebenenfalls Kindern managen – und nicht selten auch noch nebenbei im Job erfolgreich sein. Wen wundert es da noch, dass drei Viertel aller Ehescheidungen von Frauen eingereicht werden?

Es gibt aber auch unter Frauen echte »Einzelkämpferinnen«, die am liebsten alles nur mit sich ausmachen und die sich erst unabhängig fühlen, wenn sie keine Hilfe in Anspruch nehmen müssen. Grundsätzlich ist nichts dagegen einzuwenden, wenn Frauen »ihren Mann stehen«. Aber der Mensch ist ein soziales Wesen, und erst im Zusammenleben mit anderen blüht er wirklich auf. Egal, ob soziales Netzwerk oder vertrauensvolle Gespräche mit guten Freunden – das Leben ist einfach schöner und reicher mit Freunden. Auch Experten sind sich einig, dass intensive Freundschaften bei der Partnersuche, aber natürlich auch während einer Partnerschaft eine große und wertvolle Hilfe darstellen, denn:

- Gute Freunde fungieren wie Coaches in Sachen Liebe: Sie unterstützen uns bei neuen Schritten und begleiten uns durch die aufregende Zeit der Partnersuche. Wer gute Freunde hat, mit denen er sich austauschen kann, findet deshalb viel schneller einen Partner für immer und ewig.
- Durch Freunde lernen wir neue Menschen kennen – unter denen sich auch der oder die eine für immer und ewig befinden könnte.
- Wenn wir gerne etwas mit unseren Freunden unternehmen, entsteht in einer festen Beziehung selten die Erwartungshaltung, unser Partner habe all unsere Wünsche und Bedürfnisse zu erfüllen.
- Freundschaften fangen uns auf und helfen, wenn es in der Beziehung knirscht. Einem guten Freund sein Herz ausschüt-

ten zu können, tut der Seele gut und es hilft, das Problem mit mehr Abstand und aus einer anderen Perspektive zu betrachten. Dadurch wird der Konflikt mit dem Partner entschärft.

• Es ist erwiesen, dass Einsamkeit das Leben verkürzt. Wer in einer festen Beziehung lebt, hat eine höhere Lebenserwartung als ein Single. Wer gute, unterstützende Freunde hat, lebt ebenfalls länger. Viele Psychologen führen die höhere Lebenserwartung von Frauen unter anderem darauf zurück, dass sie mehr und intensivere Freundschaften haben als Männer. Auch wegen seiner mangelhaften emotionalen Stabilität stirbt das »starke Geschlecht« durchschnittlich acht bis neun Jahre früher als das vermeintlich schwache.

Es spricht also vieles dafür, Freundschaften genauso wichtig zu nehmen wie die Partnersuche. Entwickeln Sie Freundschaften, in denen Sie sich nicht nur von Ihrer starken Seite zeigen müssen, sondern in denen Sie so sein können, wie Sie wirklich sind. Nehmen Sie Ihre bestehenden Bekanntschaften einmal genau unter die Lupe. Bestimmt gibt es bei der einen oder anderen Ansatzpunkte für eine intensivere Freundschaft.

Die Geschichte von Bettina und Andreas

Bettina geht zur Musikschule

Ihre Arbeit füllte Bettina aus, aber zu Hause fiel ihr regelrecht die Decke auf den Kopf. Die Kinder waren viel unterwegs und Ihre Freundinnen hatten auch nicht immer Zeit. Deshalb kam sie sich abends oft verloren vor. Eines Tages, sie hatte gerade das Klavier abgestaubt, fasste sie einen Plan. Sie würde wieder anfangen, Klavier zu spielen. Also ging sie zur Musikschule und erkundigte sich nach einem Platz.

Sie hatte Glück und bekam einen freigewordenen Platz. Bei der Volkshochschule meldete sie sich zu einem Computerkurs an, weil sie auf dem Gebiet so gar nicht mit ihren Kindern mithalten konnte. Nicht mal eine eigene E-Mail-Adresse hatte sie.

Interessen machen interessanter

Neben einer befriedigenden Arbeit und Freundschaften, auf die wir stets zählen können, geben auch persönliche Interessen und inspirierende Hobbys Ihrem Leben mehr Stabilität. Deshalb sollten Sie auch nicht den Fehler machen, Ihre Freunde oder Hobbys aufzugeben, wenn Sie einen Partner gefunden haben. Vielseitige Interessen und fundiertes Wissen erhöhen außerdem Ihr Selbstbewusstsein und Ihre Attraktivität. Und nicht zuletzt schützen sie Sie in einer Singlephase davor, in ein Loch aus Langeweile und Einsamkeit zu fallen.

Werden Sie aktiv!

- Lernen Sie eine neue Fremdsprache oder frischen Sie alte Kenntnisse auf. In vielen Städten gibt es übrigens Agenturen, die fremdsprachige Gesprächspartner vermitteln.
- Treiben Sie Sport. (Fünf überzeugende Gründe dafür können Sie auf den Seiten 45 bis 46 nachlesen.) Besonders zu empfehlen sind Kurse und Gruppen mit regelmäßigen Terminen und festen Teilnehmerkreisen. Auch Joggen muss keine einsame Angelegenheit sein: In vielen Parks gibt es Lauftreffs.
- Lernen Sie eine Entspannungstechnik wie autogenes Trai-

ning, progressive Muskelentspannung nach Jacobson oder Ähnliches. Auch entspannende Bewegungsmethoden wie Yoga, Tai-Chi, Chi-Gong oder Feldenkrais gleichen Alltags- wie psychischen Stress aus. Sie verhelfen zu mehr Gelassen- heit und einem harmonischeren Körpergefühl. Frauen wie Männer schätzen es sehr, wenn der Partner körperbewusst und sich gut zu bewegen weiß.

• Lernen Sie tanzen. Das Angebot an Kursen ist vielfältig. Es reicht von Standardtänzen über Tango, Salsa und Merengue bis hin zu alternativen Tanztees. Tanzschulen bieten zuneh- mend auch Kurse für Singles an. Wenn Sie sich nicht allein aufschwingen wollen, suchen Sie in Ihrem Umfeld jemanden, der wie Sie Spaß an einem Tanzkurs hätte.

• Wochenendkurse zu den verschiedensten interessanten The- men eignen sich hervorragend zum Kennenlernen netter Men- schen. Sie finden oft in einer sehr entspannten Atmosphäre statt. Der Tapetenwechsel macht außerdem empfänglich für Neues. Und die Tatsache, dass sich anfänglich alle Teilneh- mer gleichermaßen fremd sind, aber das Interesse an einem bestimmten Thema teilen, hilft Schüchternheit zu überwin- den.

• Erweitern Sie Ihr Wissen. Belegen Sie Kurse an der Volks- hochschule. Steigen Sie in die Computerwelt und das Internet ein. Vergessen Sie nicht die Universitäten: Sie sind offen für Gasthörer.

• Abonnieren Sie eine Tages- oder Wochenzeitung, damit Sie bei aktuellen Themen mitreden können.

• Nehmen Sie an Museumsführungen teil, besuchen Sie Aus- stellungen, Theateraufführungen, Konzerte oder die Oper. Sie waren noch nie im Ballett? Dann wird es höchste Zeit!

• Schreiben Sie sich in Ihrer örtlichen Leihbücherei ein. Dort finden Sie jede Menge Lesestoff zu den unterschiedlichsten

Themen. Viele Büchereien führen auch Hörbücher. Lassen Sie sich beraten oder stöbern Sie in den Regalen.

✗ *Beispiel:* Paul (37) hat sich wenige Monate nach seiner Scheidung an der Volkshochschule für einen Englischkurs angemeldet.»Mir fiel zu Hause manchmal wirklich die Decke auf den Kopf«, sagt der gelernte Elektroingenieur. Dann hat er sich noch in einem Sportverein angemeldet, um wieder Volleyball zu spielen, was er schon vor seiner Ehe gerne tat. Dadurch hat er auch neue Freunde kennen gelernt.»Wir sind nach dem Sport immer noch ein Bier trinken gegangen – da kommt man schnell ins Gespräch, auch über persönliche Dinge.« So fand Paul schnell neue Kontakte, aus denen sich sogar Freundschaften entwickelten, was ihm auch mehr Boden unter den Füßen gab.

Aktiv-Strategien

Wie können Sie nun herausfinden, welche Aktivitäten für Sie die richtigen sind? Sie können es wie Paul machen: Lesen Sie doch mal, was die Volkshochschule für Kurse oder Veranstaltungen anbietet. Gehen Sie nach zwei Strategien vor:

- Unterstützen Sie Ihre bestehenden Interessen und Fähigkeiten: Was interessiert Sie schon seit langem? Worauf sind Sie neugierig? Wo liegen Ihre Stärken, die Sie weiter ausbauen wollen? Was hat Sie früher interessiert? Rufen Sie sich auch Interessen in Erinnerung, die Sie in Ihrer Jugend verfolgt, später aber vernachlässigt oder aufgegeben haben.
- Fördern Sie Ihre versteckten Talente und gleichen Sie kleine Schwächen aus: Welche Fähigkeiten möchten Sie entwickeln,

die bisher nicht zu Ihren Stärken zählen? Eigenen Sie sich auch Wissen und Fertigkeiten in Bereichen an, von denen Sie bislang wenig wussten, die Sie aber unabhängiger und damit selbstbewusster machen. Vielleicht können Sie nicht gut kochen, würden aber gern mal Freunde zu sich zum Essen einladen? Dann könnte ein Kochkurs genau das Richtige für Sie sein.

> *Tipp:* Am besten kombinieren Sie beide Strategien und suchen sich für den Anfang in jedem Bereich eine Aktivität. Freilich ist es schwieriger, auf dem Terrain seiner Schwächen Punkte zu machen als auf dem seiner Stärken. Setzen Sie sich aber nicht unter Druck, schnell »Erfolge« vorweisen zu müssen! Auch wer langsam vorangeht, kommt ans Ziel – und läuft dabei weniger Gefahr, wegen anhaltender Überforderung die Flinte ins Korn zu werfen. Achten Sie bei Ihrer Auswahl auch darauf, vor allem jene Interessen auszubauen, die Sie in näheren Kontakt mit anderen Menschen bringen können ●

Ab morgen mache ich Sport!

Wenn Sie Ihre Partnersuche so richtig in Schwung bringen wollen, dann bewegen Sie sich mehr: dreimal in der Woche 30 Minuten. Mindestens! Ja, Sie haben richtig gelesen. Ich bin der festen Überzeugung, dass Sie mehr Erfolg bei Ihrer Partnersuche haben werden, wenn Sie körperlich aktiv sind. Warum? Dafür gibt es viele Gründe, hier die fünf wichtigsten:

- Wer sich mehr bewegt, wird körperlich fitter und fühlt sich deshalb wohler in seinem Körper. Das erhöht das Selbstwertgefühl. Je höher das Selbstwertgefühl, desto besser sind Ihre Aussichten auf Erfolg bei der Partnersuche – das wissen Sie ja inzwischen.

• Sport, vor allem leichter Ausdauersport wie Walken und Joggen, hilft gegen Übergewicht und Rückenschmerzen. Nichts drückt das Lebensgefühl eines Menschen so sehr, wie andauernde Schmerzen. Und solche, die Folge von Bewegungsmangel sind, können Sie locker vermeiden.

• Sport hat einen enormen Einfluss auf unser psychisches Wohlbefinden. Wer körperlich aktiv ist, baut Stresshormone ab. Sportwissenschaftler wie Sportpsychologen empfehlen Walken und Joggen sogar als Therapie bei depressiven Verstimmungen.

• Sport macht mutiger. Wer durch Sport fitter, leistungsfähiger und entspannter wird, in dem wächst die Überzeugung, dass er selbst großen Einfluss auf sein Leben hat. *Selbstwirksamkeitsüberzeugung* nennen das die Psychologen.

• Und nicht zuletzt bringen uns sportliche Aktivitäten mit anderen Menschen zusammen. Sie werden staunen, wie viele nette Menschen Sie in einem Sportverein treffen werden. Schon so manche Freundschaft fürs Leben nahm dort ihren Anfang.

Stark durch eigene Stärken

Sie haben Vieles erfahren, was Sie in Ihrem Leben ändern können, damit Sie sich auch als Single wohl fühlen und mit Ihrem Leben zufrieden sind. Wahrscheinlich sagen Sie jetzt: »Das Leben ist schön – mag er kommen, der Partner!« Doch vielleicht brauchen Sie auch gar keine grundlegenden Veränderungen. Vielleicht genügt es ja, ein wenig die Perspektive zu ändern und Ihre Stärken besser zu würdigen – und das eigene Leben nicht immer nur negativ zu betrachten.

Wer einen Lebenspartner sucht, der muss ihn von sich überzeugen. Deshalb ist es wichtig, zuerst einmal selbst von sich und den eigenen Vorzügen überzeugt zu sein. Viele Menschen wissen aber nur sehr wenig über ihre Stärken. Warum? Sie haben schon in ihrem Elternhaus gelernt, dass der Mensch vor allem aus Fehlern besteht. Eltern tadeln ihre Kinder leider viel zu viel, und auch im Kindergarten und in der Schule sieht es selten besser aus. Sogar noch bei der Arbeit oder im Studium: Kritik erscheint vielen Erwachsenen als beste »Erziehungsmethode«. Unser Selbstwertgefühl baut das allerdings nicht auf. Manche Menschen entwickeln dadurch einen regelrechten Minderwertigkeitskomplex und schleichen später entsprechend »gebückt« durchs Leben.

Beispiel: Ein Coach sollte eine Baseballmannschaft zu besseren Leistungen motivieren. Nach jedem Spiel hat er seinen Spielern aufgezeigt, was sie falsch gemacht hatten. Dabei ist ihm zweierlei aufgefallen:

- Seine Spieler erfuhren durch ihn nichts Neues. Sie alle kannten Ihre Schwächen nämlich schon.
- Seine Spieler wurden nicht erfolgreicher. Wie auch? Indem man auf seine Fehler hingewiesen wird, macht man noch lange nichts besser.

Nach dieser Einsicht hat es der Coach dann mit einer ganz anderen Strategie versucht: Nach jedem Spiel hat er seinen Leuten erklärt, was sie alles gut gemacht haben. Wo sie besonders geschickt oder wo sie besonders hartnäckig gewesen waren. Und siehe da: Die Mannschaft verbesserte sich.

Diese Regel gilt nicht nur im Sport, sondern auch im sonstigen Leben. Gebannt starren wir auf unsere Schwächen und vergessen dabei: Entscheidend für den Erfolg im Leben und in der Liebe ist, dass wir erkennen, wo unsere Stärken liegen. Für die Partnersuche heißt das: Wir müssen nach einem Menschen Ausschau halten, der unsere Stärken auch zu würdigen weiß. Wir müssen einen Menschen finden, der glücklich ist, jemanden wie uns gefunden zu haben. Wir brauchen niemanden, der zähneknirschend sagt: »Ich habe nichts Besseres gefunden.«

Machen Sie Inventur!

Machen Sie eine Inventur Ihrer Pluspunkte. Überlegen Sie, was sich in den Bestand aufnehmen lässt. So fördern Sie Ihre Selbstkenntnis und Selbstachtung. Vielleicht sind Sie ein Mensch, der gut zuhören kann oder besonders hilfsbereit ist. Womöglich sind Sie sehr spontan, begeisterungsfähig und entscheidungsfreudig. Es macht Ihnen Freude, andere mit kleinen Geschenken zu überraschen. Sie interessieren sich besonders für Kultur oder gehen gern in die Natur. Was auch immer Sie in die Waagschale werfen können – tun Sie es. Nehmen Sie sich gleich Stift und Papier und listen Sie Ihre persönlichen Neigungen, Stärken und Vorzüge auf.

Aber seien Sie bei Ihrer Sammlung ehrlich! Selbsttäuschung hilft Ihnen nicht weiter. Erklären Sie sich nicht zum Kunstfan, nur weil Sie im letzten Jahr einmal eine Ausstellung besucht haben. Und der Kauf von Joggingschuhen allein macht Sie nicht zu einem sportlichen Menschen.

Sie finden nichts Gutes an sich? Dann zählen Sie wahrscheinlich zu den Menschen, deren Selbstachtung von klein auf unterdrückt wurde. Wer zum Beispiel Eltern hatte, die nie mit Kritik, dafür um so mehr mit Lob sparten, dem fällt es selbst als Erwachsenem und trotz aller möglichen Erfolge oft schwer, sich durch eine wohlwollende und positive Brille zu sehen. In diesem Fall können Sie einen Freund fragen, was er an Ihnen schätzt. Die Meinung anderer kann äußerst hilfreich sein, um zu einer positiveren und dennoch realistischen Selbsteinschätzung zu gelangen.

Hindernis oder Ausrede?

Durchleuchten Sie in aller Ruhe vermeintliche Hindernisse, die Ihnen bei der Partnersuche im Weg sind. Nicht selten wollen wir insgeheim unseren Mangel an Courage oder unsere Bequemlichkeit damit tarnen. Und sollten Sie nach einiger Überlegung sicher sein, dass sie sich mit den scheinbaren Hindernissen wirklich nicht nur rechtfertigen wollen, dann wenden Sie sie zu Ihrem Vorteil.

Zeitmangel: Wer wenig Zeit hat, mag einen interessanten oder ihn begeisternden Beruf haben und spannende Hobbys. Spaß an der Arbeit und eine abwechslungsreiche Freizeit machen Menschen aber durchaus attraktiv. ·

Arbeitslosigkeit: Insbesondere Männer begreifen es als Tragödie, arbeitslos zu sein oder *nur* einen Teilzeitjob zu haben. Löst ein Mann sich aber vom traditionellen Rollenbild des Versorgers, wird er den Vorzug des scheinbaren Nachteils erkennen: Wer weniger arbeitet, hat mehr Zeit für sich und andere. Und das kann sich bei der Partnersuche als sehr vorteilhaft erweisen. Denn viele Männer und zunehmend auch Frauen bleiben deshalb Singles, weil der Beruf ihnen kaum Freizeit lässt. Fassen Sie Ihren Zeitüberschuss also als Stärke auf. Aber Achtung: Bei der Partnersuche schlägt er nur dann positiv zu Buche, wenn Sie nach jemandem Ausschau halten, der Partner wünscht, die viel Zeit in die Beziehung investieren.

Alter: Wer das 40. oder 50. Lebensjahr erreicht hat, der glaubt oft, seine Attraktivität für eine Partnerschaft lasse mit zunehmendem Alter nach. Frauen wie Männer schauen dann sorgenvoll in den Spiegel und klagen über die sichtbaren Zeichen des Alterns. Doch es ist ein Irrglaube, in diesem Alter keinen Partner mehr zu finden. In Wahrheit hat das Alter zahlreiche Vorzüge: Je älter wir werden, desto reifer werden wir auch. Wir kennen uns besser. Wir wissen genauer, wer zu uns passt. Das macht uns interessant für einen Partner, für eine Partnerin – auch wenn unsere Falten im Gesicht zahlreicher werden. Beziehungen, die in späteren Jahren eingegangen werden, verlaufen in der Regel glücklicher – viele Klientinnen und Klienten haben mir das schon bestätigt.

Schüchternheit: Viele Menschen, Männer meist mehr als Frauen, empfinden Schüchternheit als gewichtiges Manko. Dabei werden schüchterne Menschen sehr wohl geschätzt. Sie werben nicht aufdringlich um Partner, geben Anderen Gelegenheit, sich und ihre Interessen einzubringen und sind häufig gute Zuhörer. Wenn das keine Stärken sind!

Kinder: Alleinerziehende Mütter und Väter geben sich oftmals schlechte Chancen bei der Partnersuche – zu Unrecht. Genügend Frauen und Männer wünschen sich Partner, die Kinder haben, häufig, weil sie selbst Mutter beziehungsweise Vater sind, andere vielleicht, weil sie keine Kinder bekommen können. Außerdem hat längst nicht jeder, der keine Kinder in die

Welt setzen will, etwas gegen einen Partner oder eine Partnerin mit Kindern einzuwenden.

Das Aussehen: Viele Menschen hadern mit ihrem Aussehen. Stehen Sie zu Ihrem vermeintlichen Makel. Sie sind eine füllige Frau? Kein Problem, wenn sie nach Männern Ausschau halten, die genau dies zu schätzen wissen! Für solch einen Mann sind Sie die Frau seiner Träume! Das gleiche gilt etwa für die Körpergröße. Wenn Sie nicht das Gardemaß eines amerikanischen Basketballspielers aufzuweisen haben, suchen Sie am besten nach einer Frau, der ein paar Zentimeter für den Catwalk fehlen. Ein scheinbares Manko kann also für den richtigen Partner ein absolutes Plus sein.

In Kürze

- ❤ Suchen Sie entspannt nach einem für immer und ewig. Dann haben Sie die besten Vorraussetzungen, Ihr Ziel schon bald zu erreichen.

- ❤ Verfolgen Sie Ihre beruflichen Ziele, suchen Sie sich gute Freunde und lassen Sie sich von Ihren persönlichen Interessen inspirieren. Das verschafft Ihnen einen sicheren Stand im Leben.

- ❤ Genießen Sie die Zeit für sich allein, indem Sie bewusst etwas tun, was Ihnen Freude macht und Sie mit anderen Menschen zusammenbringt.

- ❤ Machen Sie sich klar, was Sie als Partner, als Partnerin zu bieten haben. Wo liegen Ihre Stärken?

- ❤ Gehen Sie Bereiche Ihres Lebens, mit denen Sie unzufrieden sind, gezielt an. Dabei brauchen Sie sich nicht zu beeilen. Wer langsam für Veränderungen sorgt, hält meist länger durch.

Die Geschichte von Bettina und Andreas

Andreas verändert sich

Seit zwei Jahren schon dachte Andreas darüber nach, sich eine neue Wohnung zu suchen. Seine jetzige erinnerte ihn noch immer an seine Ex-Frau, obwohl die Scheidung längst hinter ihm lag. Andreas hatte sich am Anfang in die Arbeit gestürzt, aber bald gemerkt, dass ihm Freunde fehlten. Er hatte einige Bekannte angerufen und sich mit ihnen verabredet. Daraus ist sogar eine echte Freundschaft mit einem »alten Bekannten« entstanden.

Andreas sehnte sich jedoch nach einer Partnerin. Er hat auch schon einige Versuche gestartet. Doch die Liebeleien, die er seit seiner Trennung gehabt hatte, verliefen immer ähnlich: Es begann mit einer leidenschaftlichen Nacht und endete zumeist schon am Morgen danach, spätestens aber nach ein paar Wochen.

Vielleicht sollte er jetzt wirklich die neue Wohnung in Angriff nehmen ...

Bettina ordnet ihr Leben neu

Bettina war mit ihren Kindern in eine neue Wohnung gezogen und hatte sie gemütlich eingerichtet. Weil ihr Ex-Mann sich geweigert hatte, Unterhalt zu zahlen, suchte sich Bettina umgehend eine Arbeit. Das war eine stressige Zeit, doch schließlich war alles geschafft und auch die Kinder lebten sich gut ein.

Nach einigen Monaten hatte sich Bettina von dem Schock der Trennung erholt und spürte wieder neue Lebenskraft. Sie entschloss sich zu einer neuen Frisur, ersteigerte im Internet günstig ein funkelnagelneues Fahrrad und fuhr jetzt jeden Tag nach der Arbeit noch eine halbe Stunde durch die Wiesen und Wälder. Sie war stolz darauf, was sie in den letzten acht Monaten alles geschafft hatte.

2.

Mythen der Liebe

Gehören Sie auch zu den vielen Menschen, die fest an die große Liebe glauben, an den *einen* Einzigen, der nur für Sie bestimmt ist und eines Tages an Ihre Tür klopfen wird? Dann wird es Zeit, mit dieser und wohl auch etlichen anderen Mythen rund um die Liebe aufzuräumen. Denn vielleicht verhindern ja gerade sie, dass Sie dem Partner fürs Leben begegnen ●

Die Illusion von der großen Liebe

Warum tun wir uns nur so schwer, einen Partner für immer und ewig zu finden? Darüber gibt es eine Reihe von Meinungen. Viele Psychologen vertreten die Ansicht, dass wir nur dann eine Chance haben, einen Partner fürs Leben zu finden, wenn wir vorher unsere unglückliche Kindheit aufarbeiten. Dieser Theorie nach liegt mangelndes Liebesglück in erster Linie an einer schwierigen Beziehung zum Vater oder zur Mutter, oder gar zu beiden. Andere Experten sagen, der Erfolg in der Liebe sei in erster Linie eine Frage der richtigen Kommunikation zwischen den Partnern. Danach scheitern Paare also, weil sie nicht gelernt haben, miteinander zu reden und das auszudrücken, was sie bewegt.

Das sind sicherlich gewichtige Gründe für das Scheitern in der Liebe, aber nach meiner Erfahrung – meiner persönlichen und aus meiner Beratungspraxis – gibt es einen anderen entscheidenden Grund, warum Männer wie Frauen den Partner fürs Leben nicht finden: Sie haben unrealistische Vorstellungen von Liebe und Partnerschaft, sie glauben an den Mythos von der großen Liebe.

Dieser Mythos ist der größte Stolperstein auf dem Weg zu einem Lebenspartner. In Kurzfassung lautet er: *Mann und Frau sehen sich. Es trifft sie Amors Pfeil. Fortan leben sie in völliger Harmonie miteinander.* Er zieht sich wie ein zäher, klebriger Brei durch Märchen und Romane, durch Filme und Talkshows. Ihm ganz zu entkommen ist unmöglich, denn er ist tief in unserer Vorstellungswelt verankert. Der Mythos war schon da, als wir als Kind das erste Mal andächtig dem Märchen vom Froschkönig lauschten. Er war da, als wir später selbst Bücher lasen. Und er war da, als wir das erste Mal ins Kino gingen. Wir sind mit ihm groß geworden, und mit der Zeit hat er unser Herz erobert und unseren Verstand besetzt. Als wir begannen, von der Liebe zu träumen, als wir später das erste Mal verliebt waren, da war der Mythos von der großen Liebe schon fester Bestandteil unserer Vorstellungen zum Thema Liebe geworden. Mythos und Liebe waren gleichsam zu einer Einheit verschmolzen. Wer den Mythos von der großen Liebe durch realitätstaugliche Ansichten ersetzen will, der muss sich also ernsthaft anstrengen.

Vielen von uns stellte der Mythos von der großen Liebe bei unseren Versuchen, den Partner fürs Leben zu finden, ein ums andere Mal ein Bein. Wir gerieten ins Stolpern, fielen auf die Nase – einmal, zweimal, immer wieder. So wie es dem 43-jährigen Patrick vor Jahren erging:

✗ Beispiel: »Ich war Single. Eine Partnerschaft, die diese Bezeichnung auch verdiente hätte, war nicht in Sicht. In meinem Leben lösten sich Verlieben, Scheitern, Pausieren und erneutes Verlieben immer wieder ab. Nach mehreren Jahren – ich ging schon auf die 30 zu – war ich mein Liebesdurcheinander schrecklich leid: Weil ich allein nicht weiterkam, besuchte ich einen Kurs einer Psychologin zum Thema »Partnerschaft«. Ich lernte viel über die Grundlagen der Charakterkunde, erfuhr, warum manche Menschen besser zueinander passen als andere und welche Konflikte sich aus der unterschiedlichen Herkunft von Partnern ergeben können.

Nach diesem Kurs fand ich zwar auch nicht gleich eine Frau für immer und ewig, aber das Durcheinander der Jahre zuvor hatte ein Ende. Vorbei die Zeiten hoffnungsloser Verliebtheiten, übertriebener Erwartungen und abgrundtiefer Enttäuschungen. Zum Glück! Ich wusste nun genauer, was ich suchte. Und ich wusste genauer, was mich in einer Partnerschaft erwartete. Ich war – mit einem Wort – in Bezug auf die Liebe zum Realisten geworden.

Realismus schafft Liebe

Wenn Sie einen Partner finden wollen, dann ist eine realistische Einstellung zu Liebe und Partnerschaft die wichtigste Voraussetzung.

Aber was hält Sie davon ab – mal abgesehen von all den Mythen, die Sie schon in Ihrem Kopf gespeichert haben? Die vielen Lügen über die Liebe, die Sie zusätzlich aufnehmen, in erster Linie durch das Fernsehen. Wer sich auch nur einen Tag lang durch den geballten Unsinn von Talkrunden, Vorabendserien und Spielfilmen gezappt hat, der hat mehr Nonsens über die Liebe gesehen, gehört und ungewollt abgespeichert als sich in einem Monat wieder vergessen lässt. Das Gleiche gilt für die meisten Kinofilme und Liebesromane: Vieles wird produziert, um Sie beim Anschauen oder beim Lesen vom grauen Alltag in ein spannendes Wolkenkuckucksheim zu versetzen: Kriegt sie ihn? Aber natürlich! Wird er seinen Nebenbuhler loswerden? Aber ja! Und wenn die beiden sich wider Erwarten zum Schluss doch nicht zum obligatorischen Happyend gefunden haben, dann können Sie sicher sein, dass eine veritable Naturkatastrophe oder ein untergehender Ozeandampfer daran Schuld hat – das Schicksal eben. Selbst große Skeptiker unter uns lassen sich gelegentlich einlullen. Doch über die wahren Bedingungen, unter denen Liebe entsteht, gedeiht oder wieder vergeht, erfahren wir bei diesen Klischeelieben nichts.

Es liegt auf der Hand, was Sie als Erstes tun müssen, um Ihr Bild von Liebe und Partnerschaft realistischer werden zu lassen: Steigen Sie ein paar Monate aus dem ganzen Betrieb rund um den Mythos von der großen Liebe aus. Das könnte so aussehen, dass Sie Ihren Fernseher in den Keller verbannen. Streichen Sie außerdem alle Kinobesuche. Das gilt nicht nur für Liebesschnulzen, sondern auch für Action- oder Fantasy-Filme. Oder haben Sie je einen solchen Film gesehen, der ohne eine Liebesgeschichte als Dreingabe auskam?

Bleiben noch die Schmöker à la Barbara Wood – tut mir leid, auch die sind erstmal tabu. Zumindest für die nächsten drei Monate. Sollten Sie in diesen drei Monaten nicht fündig werden – unwahrscheinlich, aber möglich –, so rate ich Ihnen, Ihr privates Fernseh-Kino-Roman-Verbot um ein weiteres Quartal zu verlängern. Sie glauben, das schaffen Sie nicht? Oh doch, das halten Sie durch. Drei Monate sind schnell vorüber. Und denken Sie immer an das Ziel: Am Ende winkt Ihnen der Hauptgewinn, ein Partner für immer und ewig. Der sollte es doch wert sein, oder?

Und was können Sie dann anfangen mit Ihrer gewonnenen Zeit? Tun Sie etwas für sich, für Ihr Wohlbefinden, Ihre Bedürfnisse, Ihre Selbsterkenntnis und Ihre Kenntnis von der Liebe – ganz in Ihrer Nähe. Hier einige Vorschläge: Gehen Sie Joggen, Walken, Wandern oder Radfahren. Ich weiß, ich hatte Ihnen schon im ersten Kapitel gesagt, dass Sie durch Sport Ihre Singlephase verkürzen können. Doch da habe ich Ihnen noch nicht erklärt, wie Sie die Zeit dazu aufbringen können. Nun wissen Sie es. Außerdem eignen sich gerade diese Sportarten auch bestens zum Nachdenken über sich und die Welt und zum Kennenlernen netter Menschen.

Lesen Sie psychologische Literatur. Besorgen Sie sich Ratgeber, in denen es um Menschenkenntnis geht, um Selbsterkenntnis, um Partnerschaft und Liebe. Gehen Sie doch einfach in eine große Buchhandlung oder in eine öffentliche Bücherei. Stöbern Sie in den Regalen und blättern Sie ein bisschen in den entsprechenden Büchern. Sie werden schnell merken, welche Ihnen zusagen und weiterhelfen könnten.

Sie lesen nicht gerne? Kein Problem. Versuchen Sie es mit einschlägigen Vorträgen, Kursen oder Workshops bei der Volkshochschule oder anderen Einrichtungen. Neben einer Schulung der Menschenkenntnis haben solche Veranstaltungen vorrangig das Ziel, unsere Selbstkenntnis zu vertiefen. Was macht die Besonderheit Ihres Charakters aus? Welche Stärken und Schwächen haben Sie? Welche Glücksbedingungen gelten für Sie in einer Partnerschaft? Welche sind für Sie absolut unabdingbar, um wirklich glücklich und zufrieden mit einem Partner zusammenleben zu können?

Zugegeben: Diese Fragen sind nicht leicht zu beantworten. Sie sind unbequem, weil sie uns zwingen, aufmerksam in uns selbst hineinzuhorchen und dabei absolut ehrlich zu sein. Immer wieder erzählen mir Menschen, dass sie erst dann in der Liebe glücklich wurden, als sie mehr über sich und ihr eigenes Leben herausgefunden hatten. Jetzt haben Sie auch Zeit für eine Beratung oder eine Psychotherapie. In einer Therapie geht es nicht nur darum, die Vergangenheit besser zu verstehen, sondern auch unsere Probleme im Hier und Jetzt zu bewältigen. Dazu gehört auch die Frage nach unrealistischen Erwartungen an eine Partnerschaft.

Last but not least: Treffen Sie sich mit Freunden und guten Bekannten und erkundigen Sie sich, wie sie ihre Partner kennen gelernt haben. Ich selbst sammle schon seit mehr als 15 Jahren solche wahren Liebesgeschichten (wie die von Bettina und Andreas). Ich kann Ihnen versprechen: Sie werden bei diesen Gesprächen viel über die Liebe lernen, mehr als aus den meisten Ratgebern. »Interviewen« Sie vor allem Menschen, die schon länger als drei Jahre zusammen sind. Und fragen Sie vor allem diejenigen, die mit ihrer Beziehung zufrieden sind und deren Beziehung Sie ebenfalls als glücklich erleben. Aufschlussreich für Ihr eigenes Vorhaben sind Antworten auf folgende Fragen:

- Wie war euer erstes Zusammentreffen?
- Was hat euch aneinander gefallen?
- Wurdet ihr schnell ein Paar, oder hat es eine Weile gedauert, bis ihr zueinander fandet?
- Wie ist aus eurem Flirt Verliebtheit geworden?
- Wann wich die Unsicherheit der Anfangszeit, und wie wuchs die Überzeugung, dass ihr beide zueinander passt?
- Wann war euer erster großer Streit, und worum ging es dabei?
- Wie wurde er beigelegt?

- Besprecht ihr partnerschaftliche Probleme auch mit Freunden?

Die sechs wichtigsten Mythen der Liebe

Die ersten Schritte, um den Mythos von der großen Liebe zu entzaubern, haben Sie getan, wenn Sie meine Ratschläge auf den vorhergehenden Seiten befolgt haben.

Rund um die Liebe ranken sich aber noch eine Reihe weiterer Mythen, die tief in unseren Köpfen sitzen und uns daran hindern können, die wahre Liebe zu finden. Mit den sechs wichtigsten soll nun aufgeräumt werden:

1. Liebe entsteht entweder sofort oder gar nicht.
2. Sexualität steht am Anfang der Begegnung.
3. Verliebtheit und Liebe sind identisch.
4. Liebe erfordert keine Bemühungen.
5. Liebe überwindet alle Hindernisse.
6. Liebe löst alle Probleme.

Mythos 1: Liebe entsteht entweder sofort oder gar nicht

Glauben Sie auch an die *Liebe auf den ersten Blick*? Oder zumindest daran, dass man ziemlich schnell weiß, ob aus dem Flirt etwas werden könnte oder nicht? Vielleicht erstaunt es Sie, aber bei vielen Erwachsenen entwickelt sich die Liebe zu einem Menschen eher langsam, bei näherem Kennenlernen. Bei manchen Paaren dauert es sogar Monate oder Jahre, bis sie zueinander finden.

Wer aber an den Mythos von der großen Liebe glaubt, die einen wie der Blitz aus heiterem Himmel trifft (oder eben nicht), der kann sein Leben lang vergebens warten. Oder er versucht, das Entstehen der Liebe zu beschleunigen, so wie es Elke bei Rainer erlebte:

Beispiel: »Am meisten stören mich seine SMS«, sagt Elke und **✗** seufzt. Sie fühlt sich durch die dauernden Nachrichten von Rainer kontrolliert. »Er will immerzu wissen, was ich gerade mache«, beklagt sich die 29-jährige Medizinstudentin über ihren Verehrer. »Das ist der beste Weg, um mich loszuwerden.« Warum ist er so aufdringlich? Immerhin kennen sich die beiden doch erst seit sechs Wochen.

Elke und Rainer lernten sich über das Internet kennen und beschlossen nach einigen E-Mails, sich zu treffen. »Wir verabredeten uns in einem mexikanischen Restaurant«, erzählt Elke. »Wir saßen eineinhalb Stunden da. Ich habe viel zugehört und ihn reden lassen. Eigentlich bin ich sonst die Vielrednerin, aber ich fand es ganz gut, mehr von ihm zu erfahren.«

Beim Heimfahren ist Elke unentschlossen. Soll sie Rainer wiedersehen? Doch bevor sie den Gedanken zu Ende denken kann, kommt schon die erste SMS von ihm. Nach fünf Minuten! »Mir hat es gefallen«, schreibt er. »Mir hatte der Abend ja auch gefallen«, sagt Elke. »Und deshalb bin ich auf ein weiteres Treffen eingegangen.«

Aber Rainer ist ungeduldig. »Ich soll immer Zeit haben, wenn er Zeit hat«, kritisiert Elke, die gerade ein sehr anstrengendes Semester absolviert, das sie viel Kraft und Zeit kostet. »Er scheint das nicht zu verstehen. Rainer kann mein Bedürfnis, mich um mein Studium zu kümmern, nicht akzeptieren.«

Rainer hat es nach Elkes Gefühl außerordentlich eilig: »Auf mich wirkt es so, als ob es ihm am liebsten gewesen wäre, wenn ich nach drei Wochen schon bei ihm eingezogen wäre.« Elke geht es viel zu schnell. Seine Ungeduld befremdet sie. Warum kann er ihrem Kennenlernen nicht ein wenig Zeit und Raum geben? Warum diese Eile? Ihre Vermutung: »Er ist ein sehr unsicherer Mann – deshalb drückt er so auf die Tube.«

Rainer will Klarheit um jeden Preis und sieht sich außerstande, ein paar Wochen oder Monate zu werben und der Liebe Zeit zu lassen, sich zu entwickeln – auch wenn er durch seine Eile möglicherweise die Chancen verspielt. Dabei sind Elkes Motive für eine langsamere Gangart gut zu verstehen. Sie ist schon einige Jahre Single und möchte sich Stück für Stück auf eine neue Beziehung einlassen. Momentan fordert aber ihr Studium viel Zeit und Energie.

Elke überlegt, was sie tun soll. Doch da erhält sie schon wieder eine SMS: »Was machst du gerade? Ich konnte dich nicht erreichen«, schreibt Rainer. »In dem Moment war mir klar, dass es mit ihm und mir nichts werden konnte«, sagt Elke. »Wir beide passen nicht zueinander«, schreibt sie zurück. Und er antwortet prompt: »Wenn du meinst.«

Was als Cyberromanze im Internet begann, endet, wie so mancher Flirt heute endet: durch ein Lebewohl per SMS. Auch das zeigt, wie wenig Substanz diese Liebe hat, wie wenig Zeit ihr zum Aufblühen gegeben wurde. Wer wie Rainer schon so kurz nach einem Rendezvous anfängt zu klammern und zu drängen, der kann die Unsicherheit, die solch ein Treffen zwangsläufig nach sich zieht, nicht gut aushalten und muss sie durch Aktionismus überdecken.

Gerade Menschen, die unter einem geringen Selbstwertgefühl leiden, neigen zu einem allzu forschen Vorgehen in der Liebe. Sie verbergen ihre Unsicherheit unter dem Deckmantel eines mutigen Draufgängertums. Wenn ein 15-Jähriger unmittelbar nach einem Rendezvous eine SMS an seine Angebetete schickt, ist das verständlich, weil er noch jung ist und entsprechend unsicher. Von einem Erwachsenen erwarten wir dagegen mehr Besonnenheit.

Die Wahrheit: Liebe kennt keine Mindestgeschwindigkeit

Manche Menschen lassen sich sogar besonders viel Zeit, um einander in Muße kennen zu lernen. Das hat große Vorteile: Eine langsame Annäherung schafft Vertrauen und vermittelt uns die Sicherheit, dass der andere es ernst mit uns meint. Außerdem bekommen wir Gelegenheit, uns ein genaues Bild vom anderen zu machen, von seinen Einstellungen, Erfahrungen, Lebensgewohnheiten und -zielen. Eine langsame Annäherung hilft außerdem, sich eigener Wünsche und Gefühle klar zu werden und enttäuschende Strohfeuer zu vermeiden.

Klar gibt es das, sich Hals über Kopf zu verlieben. Aber je älter wir werden, umso seltener wird dieses Erlebnis. Denn mehrere Jahrzehnte gelebten Lebens gehen nicht spurlos an uns vorbei. Jeder Mensch hat eine sehr eigene Biografie, hat seine individuelle Elterngeschichte, seine berufliche und private Entwicklung. Jeder hat eine Fülle von Vorlieben und Abneigungen entwickelt, die so kein anderer Mensch mit ihm teilt. Jeder Mensch ist eine eigene Welt, sagt die Psychologie. In der Liebe treffen dann zwei unterschiedliche Welten aufeinander. Diese beiden Welten wollen erst einmal erforscht werden!

Beispiel: »Zu Anfang mochte ich ihn gar nicht«, sagt Susi und ✗ lacht. »Ich fand, er wollte immer im Mittelpunkt stehen. Das gefiel mir nicht.« Sie spricht von Stefan, ihrem Mann. Seit zehn Jahren kennen sich die beiden, seit sechs Jahren sind sie ein Paar. »Stefan kam eines Tages in meinen Aikidokurs«, erzählt die 38-jährige Buchhalterin. Schon am ersten Kursabend kamen sich Susi und Stefan beim anschließenden Kneipenbesuch näher, allerdings nicht im positiven Sinne. »Wir haben uns heftig gestritten«, sagt Susi. Worum es bei diesem Streit ging? Um Kindererziehung, aber so genau weiß es Susi nicht mehr – sie erinnert sich nur noch, dass er sehr heftig war.

Mehr als drei Jahre lang haben sich Stefan und Susi wöchentlich beim Sport gesehen, haben danach noch beim Bier zusammengesessen und sich über Gott und die Welt unterhalten. Und so wurde für Susi aus dem »seltsamen Neuen« zunächst der »nette Sportkollege« und irgendwann der »Freund«, der schließlich sogar ein leichtes Kribbeln im Bauch auslöste.

Wenn Stefan und Susi dem Mythos, dass die Liebe sofort oder gar nicht entsteht, erlegen wären, dann hätte schon beim ersten Treffen Amors Pfeil sie treffen müssen. Susi hätte – nach einer kurzen Phase des Werbens durch Stefan – in seine starken, männlichen Arme sinken müssen ... und so weiter. Nein, an diese Regieanweisung haben sich Stefan und Susi nicht gehalten. Zum Glück! Hätten sie es getan, dann wäre aus den beiden wohl kaum ein Paar geworden.

»Ausgeschlossen, dass wir sofort zusammengekommen wären«, sagt Susi. »Wir hatten ja beide gerade erst eine Trennung hinter uns. Wir brauchten erstmal Zeit für uns selbst. Ich denke, wir waren innerlich noch nicht bereit, uns wieder auf eine Partnerschaft einzulassen.«

Wie aber ist aus den beiden dann ein Paar geworden? Susi lächelt so verschmitzt, als hätte sie dem Schicksal am Ende auf die Sprünge geholfen. Hat sie? Sie hat. »Stefan hat ein großes Fest gegeben. Und ich bin einfach bis zum Schluss geblieben.« Als alle Gäste gegangen waren, half ihm Susi beim Aufräumen und Abwaschen. Irgendwann nahm er sie in den Arm – und nach drei Jahren und fünf Monaten folgte der erste Kuss. Da sage noch einer, Männer wären nicht in der Lage, den ersten Schritt zu machen!

Durch ihre langsame Annäherung hatten Susi und Stefan Zeit, sich mit ihren alten Partnerschaften auseinander zu setzen, sie zu verarbeiten und wieder den Mut zu finden, sich erneut auf das Wagnis Liebe einzulassen. Wenn Ihr Herz auch für eine langsame Annäherung schlägt, dann folgen Sie seiner Stimme. Nehmen Sie sich für das Kennenlernen so viel Zeit wie Sie brauchen, Wochen oder auch Monate. Auch in den guten alten Märchen ging es in der Liebe zumeist bedächtig zu. Im Märchen vom Froschkönig zum Beispiel: Ehe die schöne Prinzessin ihren Frosch zu sich ins Himmelbett nahm, verstrich nämlich eine Menge Zeit.

Das wahre Märchen vom Froschkönig

Nachdem der Frosch die goldene Kugel für die Prinzessin aus dem Brunnen gefischt hatte, plauderten die beiden noch ein Weilchen. Dabei fanden sie Gefallen aneinander und verabredeten sich für den folgenden Sonntag zu einem Picknick am selben Ort. Gesagt, getan: Die Prinzessin brachte den Picknickkorb mit und die Decke, auf die der Frosch hopste. Die beiden machten es sich gemütlich, aßen, tranken, redeten über Gott und die Welt und vergaßen darüber völlig die Zeit.

So verbrachten sie viele gemeinsame Sonntagabende zusammen. Irgendwann brachte der humorvolle Frosch die Prinzessin in einem fort zum Lachen. ›So viel gelacht habe ich noch nie‹, dachte sie auf dem Heimweg und war ganz vergnügt.

Tags darauf ging die Prinzessin auf eine zweiwöchige Reise, auf der sie oft an den Frosch dachte, an seine sanften blauen Augen, sein verschmitztes Lächeln und seine tiefe, warme Stimme.

Gleich nach ihrer Heimkehr eilte sie deshalb zum Brunnen, in der Hoffnung, den Frosch dort anzutreffen. Sie hatte Glück, er war da. Sie setzte sich zu ihm und berichtete ausführlich von ihrer Reise. Später erzählte der Frosch von sich, von seiner Kindheit und seiner Familie. Es war ein langes und ernstes Gespräch. Als die Prinzessin an diesem Tag durch das Schlosstor trat, war ihr seltsam zumute. Etwas war anders als sonst. Bloß was?

Anderntags saß sie am offenen Fenster ihres Zimmers und blickte versonnen hinaus in den Park. Der Rosengarten stand bereits in voller Blüte. Die Schwalben, die im Turm nisteten, flogen hin und her, um ihren Nachwuchs mit Würmern zu versorgen. Sie schienen der Prinzessin anmutiger zu fliegen, die Rosen noch intensiver zu duften und die Blätter an den Bäumen noch schöner zu glänzen als jemals zuvor. Ihr war, als sei die Welt einzig zu ihrer Freude da. Plötzlich murmelte die Prinzessin leise:»Ich glaube, ich bin verliebt!« Und als sie am nächsten Tag zum Brunnen ging, da hat sie ihren Frosch zum ersten Mal geküsst.

Mythos 2: Sexualität steht am Anfang der Begegnung

Früher war in Bezug auf Sexualität alles ganz einfach: Sie gehörte in die Ehe. Basta! Und heute? In den letzten Jahrzehnten wurden die Mythen rund um die Liebe um eine weitere ergänzt: Nicht nur, dass Verlieben ganz schnell geht, auch im Bett landen beide häufig schon am ersten Abend. Sexualität gehört für viele Menschen schon von Anfang an zu einer Beziehung – oder sie findet sogar schon statt, bevor man sich die Namen verraten hat. Fernsehen, Kino und Zeitschriften machen es uns mal wieder vor: Sie sehen sich in die Augen, es funkt, dann folgt die Umarmung, der Kuss und »natürlich« der Sex. Und schon brennt das Feuer der Liebe lichterloh, am besten für immer und ewig.

Solche Lovestorys schreibt das Leben allerdings höchst selten. Wissen Sie, wie viele Paare in meiner Sammlung von Liebesgeschichten sich beim Sex verliebten? Ich werde es Ihnen verraten: keines. Das heißt natürlich nicht, dass es das nicht gibt. Ich will hier auch nicht gegen den Gelegenheitssex moralisieren. Eine sexuelle Affäre kann dem Selbstwertgefühl unter bestimmten Bedingungen gut tun. Und ein kleines Abenteuer – neudeutsch: One-Night-Stand – mag durchaus seine Reize haben. Wenn Sie aber einen Partner für immer und ewig suchen (und deshalb lesen Sie ja dieses Buch!), dann sitzen Sie danach womöglich unruhig neben dem Telefon und hoffen, dass er oder sie anruft. Oder Sie nehmen selbst Kontakt auf und merken, dass der andere Ihr Interesse nicht erwidert, so wie es Katharina erging:

Beispiel: »Wie kann ich ihn bloß für mich gewinnen?« Katharina lächelt nervös. Die 34-Jährige hat Klaus auf einem Fest kennen gelernt. Er gefiel ihr spontan, und so ist sie spätnachts seiner Einladung gefolgt und mit zu ihm gegangen. Es wird eine leidenschaftliche Nacht. »Schon beim Abschied wusste ich, ich will ihn wiedersehen«, sagt Katharina mit leiser Stimme.

Sie hat Klaus also gemailt. Sie hat ihn angerufen. Aber er ist an einem weiteren Treffen nicht interessiert. Was kann Katharina tun, um Klaus doch noch für sich zu gewinnen? Die Antwort ist klar: Nichts. Kein Mensch ist zur Liebe zu bewegen. Entweder er will, oder er will nicht. Klaus wollte Sex und keine Beziehung. Punkt.

Katharina ist dem Irrglauben erlegen, dass eine Partnerschaft für eine moderne, emanzipierte Frau mit Sex beginnt. Doch beim Gelegenheitssex gelten andere Regeln als bei der Partnersuche. Ein Mann, der sehr schnell auf Sexualität hinaus will, ist fast nie für eine Bindung zu haben. Eine Frau ebenso. Das kann ganz verschiedene Gründe haben. Es kann sein, dass er oder sie Bindungen generell scheut, oder einfach auch nur zurzeit scheut. Es kann sein, dass er oder sie nur auf eine Eroberung aus ist und deshalb auch nur darauf achtet, ob der andere ihn erotisch interessiert.

Wer nur Sex möchte, der achtet vorrangig auf das Äußere des Anderen: Entspricht sein Aussehen meinen Vorstellungen? Springt der erotische Funke über? Der Charakter des Anderen, sein Wesen, seine Weltsicht – das alles spielt dagegen kaum eine Rolle. Deshalb ist es auch kein Zufall, dass eine echte Liebe fast nie im Bett beginnt – außer in Film und Fernsehen.

Wenn Sie gegen einen gelegentlichen, unverbindlichen One-Night-Stand nichts einzuwenden haben, dann bitte. Wenn Sie aber auf der Suche nach einem Lebenspartner sind, dann macht eine schnelle sexuelle Begegnung eine Liebe sehr, sehr unwahrscheinlich.

Die Wahrheit: Am Anfang steht die Neugier

Eine Liebe beginnt nicht mit Begehren, sondern mit Neugier. Neugier auf den anderen Menschen und sein Leben. Wie ist er? Welche Erfahrungen haben ihn in seinem Leben geprägt? Welche Lebensziele hat er? Wenn diese Neugier am Anfang der Begegnung steht, dann hat eine ernsthafte Liebe eine Chance. Das bestätigen mir auch Männer immer wieder. So wie Lutz.

Der 38-Jährige ist auf der Suche nach einer Partnerin, aber es gab bei ihm auch andere Zeiten.

Beispiel: »Klar bin ich schon mal nach einem Fest mit einer ✗ Frau direkt nach Hause. Aber wenn ich wirklich auf eine Partnerschaft aus bin, dann halte ich mich eine Weile zurück und versuche erst einmal, sie näher kennen zu lernen.«

Aus manch einem Flirt wird später sogar nur deshalb eine Beziehung, weil die sexuelle Begegnung ganz bewusst nicht am Anfang steht, sondern die Neugier auf den Menschen, der uns gegenübersteht. Es ist gut herauszufinden, wie der andere denkt, wie er fühlt, wie sein Leben bislang aussah und was er sich für die Zukunft wünscht. Auf dieser Basis kann Liebe entstehen.

Beispiel: Conny ist 29 Jahre alt und seit zwei Jahren Single. In ✗ den vergangenen Wochen hat sie mehrfach den Wunsch verspürt, wieder mal einen Mann zu treffen. Nichts Festes, nein, das liegt ihr zurzeit noch fern. Aber ein bisschen flirten und ausgehen, das würde ihr schon gefallen.

Sie lernt Erik (38) auf einem Fest kennen, und Erik bemüht sich sehr schnell um sie. Aber er macht keine Anstalten, ihr näher zu kommen. Stattdessen fragt er sie nach ihrer Telefonnummer und zwei Tage später ruft er an.

Die beiden verabreden sich zu einem Essen. Erik möchte eine Menge von ihr wissen. Er flirtet mit ihr, ja, das schon. Aber es ist etwas anderes, was sie neugierig macht: Er hat so eine Art zu fragen, die Conny deutlich macht, dass er wirklich an ihr interessiert ist. »Wer weiß«, denkt Conny, »wer weiß, wo der Abend endet, bei ihm oder bei mir?«

Erik fährt Conny nach dem Essen nach Hause. Vor ihrer Haustür hält er an und verabschiedet sich mit einem kurzen

Abschiedskuss auf die Wange – und ehe sie sich versieht, ist Erik schon weg.

Einige Tage später ist sie wieder mit Erik verabredet. Die beiden plaudern fast schon so, als ob sie alte Freunde wären. Und am Ende des Abends folgt dann wieder das gleiche Ritual: Erik fährt Conny nach Hause, gibt ihr einen Kuss auf die Wange und fährt davon.

Sie benötigen nicht viel Fantasie, um sich vorzustellen, wie die weiteren Abende verliefen. Etwa acht Wochen lang haben sich die beiden immer wieder verabredet und sind sich lediglich durch die langen und intensiven Gespräche immer näher gekommen. Dann aber hat es Conny gereicht. Und als Erik sie wieder einmal vor ihrer Haustür absetzen wollte, da hat sie zu ihm gesagt: »Ich glaube, ich würde dir jetzt gerne noch meine CD-Sammlung zeigen.«

Mythos 3: Verliebtheit und Liebe sind identisch

Viele Menschen machen keinen Unterschied zwischen Verliebtheit und Liebe. Sie gehen ganz selbstverständlich davon aus, dass beide Gefühle identisch sind oder zumindest sich das eine zwangsläufig aus dem anderen entwickelt. Das ist keineswegs der Fall. Allerdings: In den meisten Fällen geht der tieferen Liebe eine unbeschwertere Verliebtheit voraus. Es sind also keine zwei Begriffe für ein und denselben Zustand. Wenn Sie ernsthaft einen Partner für immer und ewig finden wollen, dann müssen Sie unbedingt zwischen Verliebtheit und Liebe unterscheiden. Verliebtheit und Liebe sind zwei grundverschiedene Empfindungen.

Wenn wir uns verlieben, meist in der Phase des Kennenlernens, geraten wir in einen regelrechten Wahnzustand. Ausgelöst

durch den begehrten Menschen und seine Reize schüttet unser
Körper eine wahre Kaskade drogenähnlicher Stoffe aus, die uns
in einen euphorischen Zustand versetzen, so die Wissenschaft.
Die Welt färbt sich rosarot, und auch unser Partner erscheint
in diesem Licht: *Fehler? Ausgeschlossen! Hat er nicht! Alles
wird gut. Wir werden uns nie streiten. Wir werden ab sofort
nur noch glücklich und unbeschwert sein,* so lautet das Credo
des Verliebten.

Verliebte rufen sich fünf Mal am Tag an, genießen die völlige
Harmonie, die zwischen ihnen herrscht, und haben das Gefühl,
alle Lebensprobleme seien für sie von jetzt an gelöst. Verliebte
sind einfach nur glücklich. Ihr Verstand weigert sich zu glauben, dass sich an ihrem wohligen und seligen Gefühl je etwas
ändern könnte.

Verliebtheit erfordert keine Mühe. Sie erfasst uns schlagartig
und mit großer Wucht. Verliebtheit kennt nur die Übereinstimmung, die von keinen Differenzen getrübt ist. Verliebtheit
macht blind.

Die Wahrheit: Verliebtheit und Liebe sind zwei Paar Schuhe

Und wie verhält es sich denn nun mit der Liebe wirklich? Was
hat Verliebtheit überhaupt mit Liebe zu tun? Die Antwort der
Psychologie ist ernüchternd: Nichts! Verlieben kann sich jeder!
Liebe dagegen ist eine schwierige Lebensaufgabe. Liebe wächst
langsam. Sie braucht Monate und Jahre, um sich zu entfalten.
Liebe sieht auch die Unterschiede – und findet Wege, mit ihnen
zu leben. Liebe erfordert die Anstrengung, sich dem anderen
mitzuteilen, und birgt den Wunsch in sich, ihn zu verstehen.

Verliebte sehen im anderen denjenigen, den sie in ihm sehen
wollen. Deshalb folgt auf Verliebtheit so oft der jähe Absturz,

den viele Paare schon nach zwei oder drei Monaten erleben. Bei anderen dauert es bis zu einem Jahr, bis die euphorischen Gefühle der Anfangszeit abgeklungen sind.

Manche Menschen sind bestürzt, wenn sie den Partner irgendwann so sehen, wie er wirklich ist. Mit seinen Fehlern und Schwächen. Sie erwachen aus ihrem Traum und finden in der Realität keinen Halt mehr. Welche Ernüchterung! Nach einem anstrengenden Tag kommt er mit schlechter Laune nach Hause. Und er lässt die Zahnpastatube offen oder geht mit geschlossenen Augen am vollen Abfalleimer vorbei. Das passt nicht in das Bild, das Sie sich – natürlich in der Phase der Verliebtheit – von ihm gemacht haben!

X *Beispiel:* Michaels Höhenflug hat acht Wochen gedauert. Nichts hat das Ende angekündigt. Im Nachhinein fragt sich Michael immer wieder: »Hat mich diese Frau je geliebt?« Die Antwort darauf ist eindeutig: Nein, hat sie nicht. Beide haben den Rausch der Verliebtheit mit Liebe verwechselt.

Der Blick des 37-Jährigen ist ins Leere gerichtet. Dicke Augenränder verraten, dass er einige schlaflose Nächte hinter sich hat. Vor zehn Wochen hat er Anja in einem Ausflugslokal kennen gelernt. Es war Liebe auf den ersten Blick. »Es war Sommer. Wir saßen an einem Tisch und haben stundenlang geredet. Zwischen uns war das Gefühl einer großen Seelenverwandtschaft.« Die beiden gehen erst nach sechs Stunden auseinander. Jeder fährt zu sich nach Hause, doch zur Ruhe kommen sie fortan nicht mehr.

»Schon am nächsten Tag sahen wir uns wieder. Es war wieder so ein vertrautes Gefühl zwischen uns«, erzählt Michael traurig. Er übernachtet bei ihr, die Sexualität erlebt Michael als unglaublich intensiv und leidenschaftlich. Sie reden bis zum Morgengrauen, schlafen zwei Stunden, gehen zur Arbeit und

treffen sich sofort wieder. Immer wieder sagt sie ihm, dass er
der tollste Mann ist, den sie je getroffen hat. »Ich hätte mir zu
dem Zeitpunkt nicht vorstellen können, dass wir irgendwann
nicht mehr zusammen sind.« Für ihn ist klar: Er hat eine für
immer und ewig gefunden. Da kommt kein Zweifel auf. »Sie ist
es«, sagt sein Herz – und sein Verstand schaltet auf Funkstille.
»Von einem Tag auf den anderen fing sie an, an mir rumzu-
meckern.« Er ist ihr zu müde. Das Essen, das er gekocht hat,
schmeckt ihr nicht. Sein neues Hemd findet sie »oberpeinlich«.
Es gibt nichts mehr, was Michael Anja recht machen kann, obwohl er sich wirklich bemüht. Michael verfällt in eine Angst-
starre. Er wehrt sich nicht gegen Anjas Kritik und hofft, dass
sie plötzlich wieder die Alte ist und ihr Geschimpfe und Geme-
ckere wie ein böser Traum einfach verschwindet. Zwei Wochen
später ist alles zu Ende. »Ich glaube, ich kann deine Gefühle
nicht so erwidern, wie du es verdienst«, sagt sie.

Mythos 4: Liebe erfordert keine Bemühungen

Viele Menschen glauben, dass sie nur den Richtigen finden müssen – und all ihre Probleme lösen sich in Luft auf. So einfach ist
das! Oder? Nein, das ist wieder nur ein Mythos, aber auch er
sitzt tief in uns drin und beschert uns ziemlich viele Probleme.
Auf jeden Fall dann, wenn wir kaum bereit sind, für den Erfolg
in der Liebe auch etwas zu tun. Dabei gilt für die Liebe, was für
alle Aufgaben im menschlichen Leben gilt: *Time on task*, das
bedeutet, je mehr wir uns mit einer Sache beschäftigen, desto
besser werden wir darin auch. Diese Grundregel des menschlichen Lebens ist uns in anderen Lebensbereichen selbstverständlich. Wer beruflich vorankommen will, der besucht eine Fortbil-
dung, liest Fachbücher, belegt einen entsprechenden Kurs oder

geht zu einem Karriereberater. Wer thailändisch kochen lernen möchte, der kauft sich ein passendes Kochbuch oder geht in einen Kochkurs für thailändische Küche.

Uns in der Liebe »weiterzubilden«, halten wir aber für unnötig. Sie muss in den Augen vieler Menschen allein schon deshalb klappen, weil die Zeit der Verliebtheit ja so schön war. Mal ein gutes Buch über Partnerschaft oder Psychologie lesen? Ach, wozu! Einen Kurs bei der Volkshochschule besuchen, bei dem es um faires Streiten geht? Ist doch nicht nötig! Sich mit Freunden austauschen über Probleme in der Beziehung? Das ist doch peinlich!

Die Wahrheit: Liebe ist eine spannende Aufgabe für zwei

Time on task – diese Regel sollten sich vor allem Männer hinter die Ohren schreiben. Ihre Devise lautet allzu oft: Alle Kraft und Energie geht in meinen Beruf, die Beziehung läuft nebenher, sie muss auch ohne Anstrengung funktionieren. Die schwierige Zeit nach dem Abflauen der ersten Verliebtheit ist aber mit solch einer Einstellung nicht zu bewältigen.

Die Liebe ist nicht einfach. Sie ist vielmehr eine spannende Aufgabe für zwei Menschen, die sich – bei aller Verliebtheit – doch zunächst einmal fremd sind. Der Partner hat eigene Vorlieben, Abneigungen, Überzeugungen, Lebenserfahrungen und Lebensziele. Es ist spannend, durch neugieriges Fragen den Menschen erst einmal kennen zu lernen. Es gibt so vieles zu entdecken: In welchen Punkten sind wir uns ähnlich, in welchen unterscheiden wir uns? Vertragen sich die eigenen Gewohnheiten mit denen des anderen? Gibt es eine gemeinsame Lebensperspektive? Ob zwei Menschen aus diesem Prozess des Beschnupperns und Kennenlernens als Paar hervorgehen, gereift und gestärkt, oder ob die junge Liebe unter den ersten Konflikten bereits zerbricht – das ist die aufregende Frage, die sich in der Regel innerhalb des ersten Jahres klärt. Man könnte auch sagen: In dieser Phase entscheidet sich, ob aus Verliebtheit Liebe wird. Paarexpertinnen und -experten sprechen deshalb von einem regelrechten Probejahr, wenn sie über die ersten zwölf Monate einer Beziehung reden.

Mythos 5: Liebe überwindet alle Hindernisse

Es war bei einer Talkshow des Hessischen Rundfunks zum Thema »Liebe«. Eine bekannte Schauspielerin und Autorin erzählte von ihrem neuen Liebesroman. Die Handlung: Ein machohafter Sportwagenfahrer und eine kulturbeflissene Musikerin lernen sich kennen und lieben. Happyend garantiert. »Die Liebe überwindet alle Hindernisse« war das Credo der 44-jährigen Autorin, das sie mit strahlenden Augen vortrug.

Überwindet die Liebe wirklich alle Hindernisse? Einerlei, wie unterschiedlich das Bildungsniveau zweier Menschen ist? Einerlei, wie stark ihre Lebenseinstellungen und ihr Wertehorizont voneinander abweichen? Die Antwort von Paartherapeuten, Psychologen und Wissenschaftlern auf diese Fragen ist eindeutig: Nein. Sie kann es nicht. Gegensätze ziehen sich an, das ist wohl wahr. Doch wahr ist auch: Zu starke Unterschiede sind der Konfliktherd Nummer eins zwischen zwei Menschen, auch in langjährigen Partnerschaften. Große Gegensätze sind einer der Hauptgründe dafür, dass ein Liebespaar nicht dauerhaft zueinander findet.

Mag sein, dass es eine originelle Handlung ergibt, wenn eine virtuose Konzertpianistin mit Designerbrille und einer Vorliebe für experimentelles Tanztheater auf einen einfach gestrickten

Sportwagenfahrer trifft. Worüber aber könnten sich die beiden – mit Verlaub – im wirklichen Leben unterhalten? Über Breitreifen oder über die Feinheiten der Etüden von Frédéric Chopin? Das mag überspitzt klingen, und bestimmt könnten beide eine Menge voneinander lernen – aber wollen sie das auch?

Die Geschichte von Bettina und Andreas

Andreas: Liebeskummer ade!

Sechs Jahre schon war er jetzt Single aber noch immer wurde er traurig, wenn der Trennungstag nahte. »Wie kann das sein?«, fragte er sich. »Gegen Liebeskummer hilft am besten eine neue Liebe«, sagte Ralf zu ihm. Eine neue Liebe war aber nicht in Sicht. »Es hilft auch schon die Hoffnung auf eine neue Liebe«, ergänzte Ralf. Genauso war es dann auch. Als Andreas begann, zielstrebig nach einer neuen Partnerin zu suchen, wurden die Gedanken an seine vergangene Beziehung immer seltener. »Aber such dir diesmal lieber eine Frau, die eine ähnliche Art hat wie du«, sagte Ralf noch.

Andreas musste an Karin denken. Ähnlich war sie ihm nun wirklich nicht gewesen. Ihr Glas war stets halb leer, während seines halb voll war. Sie war immerzu ruhelos unterwegs, während er abends auch gerne mal still auf der Couch saß und las. Sie war immer gleich auf 180, sobald etwas nicht so lief, wie sie es sich vorgestellt hatte – was häufig der Fall war. Wahrscheinlich hatte Ralf Recht. Sie waren wirklich zu verschieden gewesen.

Eine Liebe braucht für ein gutes Gelingen zu allererst ein hohes Maß an Gemeinsamkeiten. Sie sind die wichtigste Basis für eine dauerhafte Beziehung. Das gilt vor allem für das Weltbild, die Einstellung zum Leben und die Lebensziele. »Liebe besteht nicht darin, dass man einander anschaut, sondern dass man gemeinsam in dieselbe Richtung blickt«, hat der französische Schriftsteller Antoine de Saint-Exupéry einmal gesagt. Gemeinsamkeiten sind die wichtigste Basis für eine Beziehung. Er ist sozial engagiert, sportlich und gesundheitsbewusst, sie verbringt ihre Abende am liebsten in der Kneipe und erwartet von einem Verehrer einen sportlichen Wagen und üppige Einladungen. Eine solche Paarung ergibt keinen Sinn. Die beiden werden nicht allzu viel Freude aneinander haben. Sie ist idealistisch eingestellt, er ein Mann, für den Besitz das Wichtigste ist – auch eine solche Kombination verspricht wenig Freude, sondern eher eine Menge Probleme.

Vieles spricht also für die Wahl eines Partners mit ähnlichen Ansichten und einer ähnlichen Gangart im Leben. Vieles spricht vor allem auch für die Wahl eines Partners mit einem ähnlichen Charakter. Warum aber wählen dann so viel Menschen Gegensätzliches? Für diese »unvernünftige« Wahl gibt es einen ganz einfachen Grund: Wir haben das Bedürfnis, das eigene Ich zu ergänzen, es zu komplettieren. Der andere soll Eigenschaften mitbringen, die uns fehlen, Eigenschaften, die wir an uns selbst vermissen.

Deshalb ziehen Gegensätze sich tatsächlich oft geradezu magisch an. Sie können natürlich eine Bereicherung darstellen und einen Ausgleich zur eigenen Person und dem eigenen Leben bringen. Diese Ergänzungswahl kommt in zahlreichen Varianten vor, zum Beispiel: Ein planender und sehr ordentlicher Mann wählt als Partnerin eine spontane und unordentliche Frau. Solche oder ähnliche Verbindungen kennen Sie sicherlich aus Ihrem Bekanntenkreis oder aus Ihren eigenen Beziehungen. Ist doch eine gute Kombination, könnte man sagen: Er kann ein wenig Spontaneität wirklich gut gebrauchen. Und sie kann ein bisschen mehr Ordnung in ihrem Leben auch ganz gut vertragen. Eine gute Kombination ist es aber nur, wenn er begreift, dass sie eine prima Ergänzung zu ihm ist und sich an ihr ein Vorbild nimmt. Und wenn sie versteht, dass er eine tolle Bereicherung für sie ist und sich gleichfalls das eine oder andere bei ihm abschaut.

Die eine Wahrheit: Gegensätze ziehen sich an – und stoßen sich ab

Doch was passiert normalerweise im Beziehungsalltag der beiden? Er ärgert sich über ihr Chaos und wirft ihr vor, dass sie nichts auf die Reihe bekommt. Sie beschimpft ihn als zwanghaft und einengend. Und die einzigen Profiteure der Geschichte sind einmal mehr die Scheidungsanwälte, die die beiden schon bald vor Gericht vertreten werden.

Häufig ist die Ergänzungswahl zudem geprägt von klassischen geschlechterspezifischen Rollenerwartungen. So suchen viele Männer bei Frauen die Emotionalität, die sie bei sich nicht zulassen. Oder sie wollen eine Partnerin, die sich um Aufbau und Erhalt eines gemeinsamen Freundeskreises kümmert. Und während er lange grübeln muss, was sich in der Freizeit unternehmen ließe, hat sie stets eine Fülle von Vorschlägen parat.

Frauen wiederum schätzen häufig die männliche Tatkraft, Zielstrebigkeit und Rationalität beim Bewältigen der Konflikte und Härten des Lebens. Und wenn eine Frau vor Entscheidungen eher zurückschreckt, wählt sie womöglich einen entschlussfreudigen Partner.

Partnerschaften, die (unbewusst) auf dem Prinzip der Ergänzungswahl basieren, dienen nur allzu oft dazu, die eigene Bequemlichkeit nicht aufgeben und an unterentwickelten Fähigkeiten nicht mühsam arbeiten zu müssen. Wenn *sie* alle privaten Verabredungen organisiert, die Geburtstagstermine von Freunden und Verwandten im Kopf hat und die fälligen Weihnachtskarten schreibt – wozu muss *er* sich dann noch um einen Freundeskreis bemühen? Auf diese Weise kann die Ergänzungswahl rasch die persönliche Entwicklung lähmen. Und über kurz oder lang kommt es zu einer mehr oder minder starken Aufgabenzuweisung. Diese birgt, selbst wenn sie eine vermeintlich freiwillige ist, die Gefahr einer ungesund hohen gegenseitigen Abhängigkeit in sich: Ohne ihre sozialen Kompetenzen würde er vereinsamen, ihr hätte die Bank ohne sein finanzielles Geschick schon manches Mal das Konto gesperrt.

Extreme Abhängigkeit schadet aber nicht nur dem Einzelnen, sondern belastet auch die Beziehung. Früher oder später keimt Unzufriedenheit über die eigene Unzulänglichkeit auf, die nicht selten in gegenseitigen Vorwürfen und verhohlenem Neid gipfelt.

Beispiel: Eva und Max haben als Jugendliche dieselbe Musik **X** gehört. Sie stehen, als sie sich kennen lernen, beide noch am Anfang ihres Studiums. Sie interessieren sich für das Zeitgeschehen, haben ähnliche politische Überzeugungen. Und beide erwarten vom Partner Treue. Doch damit endet die Liste ihrer Übereinstimmungen – und die der Gegensätze beginnt.

Eva ist eine Powerfrau, wie sie im Buche steht, sprudelnd vor Energie, wortgewandt, zupackend. Max dagegen ist wortkarg und die Ruhe selbst. Prompt hat sich Eva in das »stille Wasser« verliebt. »Ich fand Max spontan attraktiv. Mir gefielen sein liebenswürdiges Gesicht, seine verschmitzten Augen, seine Lachfalten und seine Hände.« Sie ist zum ersten Mal instinktiv überzeugt, dass dies der Mann fürs Leben ist und sie zu ihm passen würde.»Vor allem faszinierte mich seine Schweigsamkeit. Anders als ich macht Max nicht viele Worte, aber was er sagt, ist zumeist sehr treffend.«

Doch schon nach kurzer Zeit kann Eva immer schlechter damit umzugehen, dass Max so wenig aus sich herausgeht, vor allem, wenn sie Probleme mit ihm besprechen will.»Wir waren ungefähr zwei Wochen zusammen, da brachte seine Einsilbigkeit mich zum ersten Mal auf die Palme.« Sie machen einen Spaziergang und trotten eine halbe Stunde wortlos nebeneinander her.»Während ich mit jedem Schritt wütender wurde und schließlich platzte, fühlte Max sich wohl. Er empfindet gemeinsames Schweigen als angenehm, als Zeichen von Entspanntheit und Vertrautheit.«

Und so kommt es zwischen den beiden immer wieder zu heftigen Auseinandersetzungen, die nach und nach die Liebe zerstören. Nach zwei Jahren gehen Max und Eva schließlich frustriert auseinander. Eva hat sich schon bald erneut auf die Suche gemacht, nach dem Mann fürs Leben. Die schweigsamen Männer haben sie diesmal nicht gereizt.»Einem Mann jeden Satz buchstäblich aus der Nase ziehen zu müssen, das passt einfach nicht zu mir«, hat sie erkannt.

Eigentlich hätte Eva in Max einen ruhigen Gegenpol, einen friedlichen Hafen finden können, und ihre Quirligkeit hätte für ihn wie eine erfrischende Brise sein können. Doch stattdessen wurden die Unterschiede schnell zum Streitthema und letztlich zum unüberwindbaren Hindernis. Denn Gegensätze ziehen sich nicht nur an, sie stoßen sich auch ab. Deshalb liefern jene gegensätzlichen Eigenschaften, die uns beim Kennenlernen am meisten anziehen, später oft den schärfsten Zündstoff für Konflikte.

Eine solche Konfrontation ist zwar ein häufiges Ergebnis der

Ergänzungswahl, sie ist aber nicht zwangsläufig. Gegensätze in der Partnerschaft haben einen Sinn: Wir sollen uns und unsere Fähigkeiten entwickeln. Wir sollen uns vom anderen beeinflussen lassen. Zu einer wirklichen Ergänzung wird der Partner aber nur, wenn wir den gegensätzlichen Eigenschaften des Anderen auch später, nach dem Ende der Verliebtheit, zumindest wohlwollend gegenüber stehen. Besser noch: Wenn wir uns den Anderen zum Vorbild nehmen.

Dieses Motto gilt auch dann noch, wenn Sie schon gar kein Paar mehr sind. Ihr Ex-Partner war zu ordentlich? Ihre Ex-Partnerin wollte zu oft ausgehen? Oder verbrachte zu viel Zeit mit Freunden? Warum haben Sie ihn sich denn gewählt, wenn er so gar nicht Ihren Vorstellungen entsprach? Es muss doch einen Grund haben, dass Sie sich gerade *diesen* Menschen ausgesucht haben. Schwang da vielleicht das Motiv der Ergänzung mit?

Notieren Sie sich die Stärken Ihrer Ex-Partnerin oder Ihres Ex-Partners doch einmal schriftlich. Nehmen Sie es ganz genau und schreiben Sie wirklich alles auf. Ich weiß, das ist nicht einfach. Über Verflossene denken wir bevorzugt negativ. Das Ende einer Beziehung schmerzt immer, oft noch nach vielen Jahren. Trotzdem, der Blick auf das Positive, auf das, was der Ex-Partner gut konnte, lohnt sich für Sie und Ihre Entwicklung.

Stellen Sie sich, wenn Sie Ihre Liste fertig haben, folgende Fragen: Welche Stärken des Partners oder der Partnerin haben Sie und Ihre Beziehung bereichert? Welche Stärken könnten für Sie jetzt ein Vorbild sein?

Tipp: Eignen Sie sich diejenigen Eigenschaften selber an, die sie an Ihrem Ex-Partner, an Ihrer Ex-Partnerin besonders stark bewundert haben. Wenn Sie das tun, dann ist

Ihr Gewinn ein doppelter: Auf diese Weise machen Sie das Beste aus Ihrer vergangenen Beziehung. Sie heben den Schatz der Niederlage. Auch in anderen Lebensbereichen sind Misserfolge nicht dazu da, um fortan ein Leben lang bejammert zu werden. Sie wollen uns vielmehr etwas über das Leben lehren.

Der zweite Gewinn für Sie: Sie gehen erheblich »kompletter« an die nächste Partnerwahl heran. Und das zahlt sich aus. Sie werden passender wählen •

Die andere Wahrheit: Gemeinsamkeiten sind das Fundament der Liebe

Partnerschaften ohne allzu starke Gegensätze sind erwiesenermaßen stabiler. »Gleich und Gleich gesellt sich gern«, sagt der Volksmund. Er hat Recht. Viele Menschen suchen, bewusst oder instinktiv, Partner, die ihnen ähnlich sind. Auch die Sympathieforschung hat in den vergangenen Jahren diese Ansicht bestätigt. Menschen sind sich sympathisch, weil sie Übereinstimmungen feststellen. Der andere denkt wie Sie, er verhält sich wie Sie, er hat ähnliche Erfahrungen in seinem Leben gemacht oder ähnliche Entscheidungen getroffen – schon springt ein kleines Lämpchen in Ihrem Gemüt an und signalisiert *Sympathie*.

Je mehr Ähnlichkeiten wir feststellen, desto mehr Lämpchen leuchten auf und desto sympathischer sind wir uns. Dieses Muster gilt, wann immer Menschen aufeinandertreffen. Es gilt bei der Arbeit. Es gilt in der Freizeit. Und es gilt eben auch für die Partnerwahl. Menschen suchen, bewusst oder instinktiv,

Partner, die ihnen in vielem ähnlich sind, etwa dem sozialen Milieu, dem Bildungshintergrund, den Vermögensverhältnissen und den Freizeitinteressen. Vor allem aber sind gemeinsame Überzeugungen und ein gemeinsames Weltbild die Basis einer jeden Beziehung – und genau danach sollten Sie bei der Partnersuche Ausschau halten. Sie verleihen einer Beziehung Stabilität. Sie fördern die Vertrautheit und reduzieren das Konfliktpotenzial.

Noch wichtiger als eine gemeinsame Weltanschauung und die Interessen des Partners ist der Charakter. Der Charakter ist unser Schicksal. Er ist unsere ganz persönliche Art, die Welt zu sehen und mit ihr umzugehen. Jeder Mensch ist eine eigene Welt. In einer Partnerschaft begegnen wir einem anderen Charakter und damit einer anderen Welt. Die Partnerwahl ist im Kern die Wahl eines anderen Charakters. Ähnliche charakterliche Eigenschaften sind deshalb die Goldwährung bei der Partnersuche.

Leider ist der Charakter eines Menschen nicht mit bloßem Auge zu erkennen. Um ihn zu erfassen, brauchen wir Menschenkenntnis. Und wir müssen schon beim Kennenlernen auf die rosa-rote Brille verzichten. Wir müssen bereit sein, den anderen realistisch zu sehen und einige wesentliche Fragen zu stellen.

Wie ist es etwa um seine *psychische Stabilität* bestellt? Getrennte Paare haben oft eine unterschiedliche psychische Stabilität. Die Ehefrau zum Beispiel ist betont ausgeglichen und beherrscht, der Mann dagegen angespannt und nervös. Diese Form der Gegensätzlichkeit findet sich eher bei unglücklichen oder bei getrennten Paaren.

In den Bereich des Charakters gehört auch die Frage nach der *Tüchtigkeit* eines Menschen. Manche Menschen lieben die Herausforderungen des Lebens und stellen sich ihnen. Andere brauchen etwas Zeit, um Antworten auf die Schwierigkeiten zu finden, die sich ihnen in den Weg stellen. Wieder Andere ziehen ein beschauliches Abwarten hinter dem warmen Ofen vor. *Er* kennt von zu Hause grenzenlose Verwöhnung und Mama versuchte immer, Schwierigkeiten für ihn zu beseitigen, *sie* musste schon früh ihr Leben in die eigene Hand nehmen und selber die Steine aus dem Weg räumen – eine solche Kombination verlangt beiden Partnern viel ab. Eine unterschiedliche Tüchtigkeit belastet eine Beziehung sehr.

Ist er ein typischer Erstgeborener? Ein Einzelkind? Ein Nesthäkchen? Die Stellung in der Familie hat einen großen Einfluss auf den Charakter eines Menschen. *Er* ist ein typischer Erstgeborener, fleißig und strebsam, *sie* eine waschechte Zweitgeborene, rebellisch und selten zur Anpassung bereit – das klingt nach einer schwierigen Kombination. Häufig zieht es Älteste ganz instinktiv zu anderen Ältesten und Zweitgeborene zu Zweitgeborenen. Auch hier gilt eben das Prinzip *Gleich und Gleich gesellt sich gern.*

Mythos 6: Liebe löst alle Probleme

Wir verfallen allerlei Trugschlüssen, was die Liebe betrifft – und bürden ihr eine Menge auf. Einige der Mythen rund um die Liebe haben Sie kennen gelernt und entzaubert:

- Die Liebe entsteht nur selten schnell, sondern sie braucht ihre Zeit zur Entfaltung.
- Am Anfang einer Liebe steht nicht unbedingt Sexualität.
- Verliebtheit und Liebe sind absolut nicht dasselbe.
- Für die Liebe müssen wir uns durchaus anstrengen.
- Gegensätze ziehen sich weniger an, als sie sich abstoßen.

Als wenn das alles nicht schon genug wäre, glauben wir auch noch daran, dass die Liebe uns von unseren Problemen und aus einem langweiligen Leben erlöst. Wie im Märchen eben: Sie heiraten und leben glücklich und zufrieden bis an das Ende ihrer Tage. Keine noch so kleine Wolke wird in Zukunft ihr sonnenbeschienenes Haus verdunkeln – und wenn sie nicht gestorben sind, dann träumen sie noch heute!

Selbst ausgesprochen vernünftige Menschen verfallen solch überzogenen Annahmen über das Wesen der Liebe – und wissen es oft nicht einmal. Besonders Frauen hoffen instinktiv auf den starken Prinzen, der mit wuchtigen Hieben das Dornengestrüpp teilt und sie mit seinem Kuss errettet. Doch Sie wissen längst, dass es in Wahrheit ganz anders war im Märchen von Dornröschen (siehe Seite 33).

Beispiel: Monika hat gerade ihren 40. Geburtstag gefeiert und erinnert sich noch genau, wie verzweifelt sie vor fünf Jahren war. »Es klappte in der Liebe einfach nichts«, sagt sie. »Bis ich schließlich eine Therapie angefangen habe.« Der Therapeut machte ihr klar, dass sie ein sehr idealisierendes Bild von Männern und von einer Beziehung hat. »Ich hatte zu hohe Erwartungen und damit habe ich meine Partner völlig überfordert. Ich war zwar eine selbstständige Frau und hatte auch beruflich Erfolg. Aber privat suchte ich nach einem Mann, der mich rettet. Das habe ich erst in der Therapie begriffen.«

Monika hat gelernt, dass sie selbst für ihr Leben verantwortlich ist – auch wenn sie einen Partner hat. »Ich muss mich selbst darum kümmern, dass ich mit meinem Leben zufrieden bin. Das kann mir keiner abnehmen. Ich muss selbst für mich und mein Wohlergehen sorgen. Vorher hatte ich eher die Vorstellung: Wenn ich nur den Richtigen finde, dann lösen sich meine

Probleme ganz von selbst, und alles läuft endlich so, wie ich mir das wünsche. Heute weiß ich: Seit ich mein Leben selbst in die Hand genommen und all das geändert habe, was mich schon lange gestört hat, geht es mir wirklich gut – und seitdem klappt es auch in der Liebe!«

Die Wahrheit: Ihre Lebensprobleme lösen nur Sie allein

Viele Menschen sind entsetzt, wenn sie merken, dass sich durch eine Beziehung nichts grundlegend in ihrem Leben ändert. Der cholerische Chef ist immer noch schwierig, die Arbeit stresst, die Freunde melden sich zu selten und so weiter. Aber was erwarten wir? Durch eine Liebe ändert sich weder unsere Umwelt noch unser Charakter. Vielleicht beachten wir die eine oder andere Schwierigkeit eine Weile nicht mehr so sehr wie zuvor. Vor allem in der Phase der Verliebtheit wird uns vieles weniger gravierend erscheinen. Doch irgendwann holt uns die Wirklichkeit wieder ein. Wer dann enttäuscht ist, der überfrachtet die Liebe mit unrealistischen Erwartungen.

Stellen Sie sich lieber der Wahrheit: Nur Sie allein sind in der Lage, Ihre Probleme und Schwierigkeiten zu bewältigen oder aber Wege zu finden, besser mit ihnen zurechtzukommen. Niemand sonst kann Ihnen das abnehmen. Eine erfüllende Partnerschaft kann dabei allerdings eine enorme Hilfe sein, weil sie unser Lebensgefühl hebt und uns Rückhalt gibt. Aber mal ehrlich: Möchten Sie die Probleme Ihres Partners lösen, während er darauf wartet, dass Sie endlich damit fertig sind? Oder umgekehrt? Verabschieden Sie sich also besser gleich von diesem Mythos, warten Sie nicht länger auf den Erlöser, sondern nehmen Sie Ihr Leben selbst in die Hand – Ihr zukünftiger Partner wird es Ihnen danken!

Test: Und an welche Mythen glauben Sie?

Um Ihre eigenen Mythen von der Liebe zu entzaubern, hilft es Ihnen, sie aufzuspüren. Nehmen Sie sich Papier und Stift und schreiben Sie Ihre Mythen auf. Oder werten Sie die folgenden Denkanstöße aus, die Ihnen auch bei Ihrer eigenen Suche nach dem Traumpartner oder der Traumpartnerin helfen können:

	Ja	Nein
Ich träume davon, mit meinem Partner den Sonnenuntergang am Meer zu erleben.	○	⊠
Er soll mich küssen wie Humphrey Bogart Ingrid Bergman in »Casablanca« küsst.	○	⊠
Entweder es funkt sofort oder nie mehr.	○	⊠
Die große Liebe kann man nicht suchen. Eines Tages begegnet man ihr einfach – alles andere wäre ja unromantisch!	⊠	○
Zu einer echten Liebe gehört leidenschaftlicher Sex.	○	⊠
Ich möchte auch noch nach 30 Jahren Schmetterlinge im Bauch haben, wenn ich meinen Partner sehe.	⊠	○
Wer sich wirklich liebt, streitet nicht.	○	⊠
Wenn ich erst mal den richtigen Partner gefunden habe, werde ich endlich glücklich sein.	○	⊠
Wenn es mit der Liebe klappt, klappt es auch im Beruf.	○	⊠
Wir verstehen uns ohne Worte.	⊠	○
Wenn man sich wirklich liebt, liest man dem anderen die Wünsche von den Augen ab.	○	⊠

Ja Nein

Mein Partner sieht sofort, wie es mir geht
und was ich brauche.

0–3 mal Ja: Prima! Sie haben eine realistische Einstellung
zur Liebe. Vergessen Sie aber die Romantik nicht ganz!
4–6 mal Ja: Na ja! Sie haben vermutlich die eine oder andere Liebesschnulze zu viel gesehen. Aber Sie sind auf
einem guten Weg!
7–12 mal Ja: Oh je! Das wird nicht leicht ... Sie sind ein ech-
ter Romantiker. Nichts wie weg mit Ihrem Fernseher, den
Liebesromanen und Ähnlichem. Lesen Sie dieses Kapitel
besser noch einmal und kaufen Sie sich gleich noch ein paar
lebensnahe Ratgeber zum Thema Liebe und Partnerschaft!

In Kürze

- Verabschieden Sie sich vom Mythos der großen Liebe. Träumen Sie nicht länger die Liebesgeschichten aus Film und Fern-
sehen, sondern werden Sie zum Realisten in Sachen Liebe.
- Nehmen Sie sich zum Kennenlernen und Verlieben die Zeit,
die Sie brauchen. Jeder Mensch hat in der Liebe sein eigenes
Tempo.
- Halten Sie eher Ausschau nach einem Menschen mit ähnlichen Interessen und einer ähnlichen Weltsicht wie der Ihren.
Denn Partnerschaften, die auf dem Prinzip der Ähnlichkeit
beruhen, sind erwiesenermaßen stabiler.
- Stecken Sie nicht alle Hoffnungen und Erwartungen in die
Liebe, sondern übernehmen Sie selbst die Verantwortung
für Ihr Leben.

Die Geschichte von Bettina und Andreas

Andreas wird der Kopf gewaschen

Andreas hatte sein berufliches Ziel erreicht und mit seinem Freundeskreis war er mittlerweile ebenfalls sehr zufrieden. Allerdings war er sein Singledasein nach 5 Jahren endgültig leid. Er wünschte sich wieder eine dauerhafte Beziehung – auch einer späteren Heirat war er nicht abgeneigt.

Doch warum legte er immer diese Hektik an den Tag, wenn er eine Frau kennen lernte? Warum immer gleich Sex, anstatt eine Beziehung reifen zu lassen? Diese Fragen gingen ihm in letzter Zeit durch den Kopf, und schon mehrere Freunde haben ihm wegen seiner zahlreichen kurzlebigen Affären ins Gewissen geredet und zu einer langsameren Gangart geraten.»Im Grunde bist du doch gar kein Draufgänger«, meinte ein Freund.»Wozu dann diese Eile, sobald du eine Frau kennen lernst?« Vermutlich hat er Recht, dachte Andreas und erinnerte sich, dass es zwischen ihm und seiner Ex-Frau auch nicht gleich beim ersten Treffen gefunkt hat. Und er sah ein, wer langsam geht, kommt schneller ans Ziel.

Bettina geht ein Licht auf

Bettina schaute resigniert auf den Brief ihres Ex-Mannes. Einerseits wirre Schuldvorwürfe, andererseits dümmliche Entschuldigungen dafür, dass er seit ihrer Trennung sich zu nichts aufraffen konnte. Er saß offenbar nur träge zu Hause und wärmte sich am Kaminfeuer. Langsam wurde Bettina auch klar, weshalb ihre Ehe mit Bernhard gescheitert ist: Während sie beherzt Dinge in die Hand nahm, verbrachte er seine Zeit mit Grübeln. Diese Lethargie hatte sie schon lange vor der Trennung gestört.

»Warum habe ich mir nur so einen Mann gesucht?«, fragte sie sich und kannte auch die Antwort: Er hat dafür gesorgt, dass sie manches nicht so übergenau nahm, und sie hat ihn mit ihrer Energie mitgezogen. Einen solchen Mann wollte sie nicht mehr. Bettina wusste zwar nicht, wie ihr zukünftiger Partner aussehen, welchen Beruf er haben und wie alt er sein würde. Aber in einem Punkt war sie sich absolut sicher – er würde Schwierigkeiten schnell angehen und zu lösen versuchen.

3.

Sie haben die Wahl!

Wem oder was geben Sie die Schuld für Ihr Singledasein: Ihrem Alter, Ihrem Aussehen oder Ihren hohen Ansprüchen an eine Partnerschaft? Nichts davon ist die Ursache! Es ist der Mangel an Gelegenheiten, der Sie keinen für immer und ewig finden lässt. Wenn Sie jedoch genügend Möglichkeiten haben, Menschen kennen zu lernen, dann wird eines Tages auch Ihr Prinz oder Ihre Prinzessin darunter sein, selbst wenn Sie jenseits der 30 sind – und wenn Sie in der Wahl Ihres Partners wählerisch bleiben ●

Warum gerade ich?

Bestimmt haben Sie sich auch schon oft gefragt, warum ausgerechnet Sie noch als Single durchs Leben gehen, während um Sie herum lauter Paare – mehr oder weniger glücklich – leben. Vielleicht sind Sie ja der festen Überzeugung, das Schicksal meint es einfach nicht gut mit Ihnen, sonst hätte es längst den gesuchten Prinzen beziehungsweise die ersehnte Prinzessin vorbeigeschickt. Oder Sie glauben, Sie sind zu alt oder sehen nicht gut genug aus – schlimmer noch: beides! – für einen annehmbaren Partner.

In ihrem Bestseller *Männerbeschaffungsmarketing* (Original: *Find a Husband After 35*) empfiehlt die Autorin Rachel Greenwald ihren Leserinnen Marketingstrategien aus dem Management, um bei der Partnersuche endlich erfolgreich zu sein. Ein wichtiger Aspekt dabei ist ein Rundum-Verschönerungsprogramm, das auch kleinere Schönheitsoperationen einschließt, damit endlich, endlich Mr. Right anbeißt. Der Erfolg des Buches lässt Schlimmes ahnen. In den USA sparen bereits Teenager auf den großen Tag, an dem sie sich die lang ersehnte Brustvergrößerung leisten können, um auf dem Markt bessere Karten zu haben. Aber auch hierzulande sind Schönheitsoperationen längst keine Seltenheit mehr. Wir können sie neuerdings sogar »live« im Fernsehen verfolgen. Haben Sie noch nie daran gedacht, durch den einen oder anderen chirurgischen Eingriff Ihre Chancen zu erhöhen, einen Partner zu finden? Ihr Bauch zum Beispiel, könnte er nicht durch eine kleine Fettabsaugung wieder in jugendlich-frische Form gebracht werden? Und ihre Nase! Bedürfte sie nicht dringend einer kleinen Korrektur?

Mit solchen optischen »Aufpolierungen« lassen sich nicht nur kleine »Schönheitsfehler« beheben, sondern auch Spuren des fortschreitenden Alters glätten. Schließlich liegt laut Rachel Greenwald die Grenze, ab der die Partnersuche schwierig wird, ja schon bei 35 Jahren!

Auch wenn die meisten Menschen nicht so weit gehen, sich nur wegen eines fehlenden Partners einer Schönheitsoperation zu unterziehen, so sehen sie ihre Chancen auf dem Markt mit zunehmendem Alter doch schwinden. Liegt das an der nachlassenden Schönheit, der abnehmenden Attraktivität des dahinwelkenden Körpers? Vor allem Frauen leiden unter dem Gefühl, aufgrund ihres Alters unattraktiv zu sein. Doch selbst wenn Sie tagein, tagaus eine sündhaft teure Feuchtigkeitscreme auf ihre Gesichtshaut auftragen, wenn Sie fortan nur noch Pushup-BHs tragen und unter Qualen im nächsten Fitnessstudio durch Sit-ups und Beincurls für einen rundum straffen und muskulösen Körper sorgen – trotzdem werden Sie die Erfahrung machen, dass es mit zunehmendem Alter schwieriger wird, bei der Partnersuche erfolgreich zu sein. Jedoch nicht deshalb, weil nur junge Männer und Frauen eine Chance für Liebesglück haben und es mit 40, 50 oder gar 60 Jahren ohnehin schon zu spät ist. Auf Suche befinden sich schließlich Männer und Frauen jeden Alters. Fragen Sie nur mal einen Standesbeamten, wie viele Paare über 40 sich allein in der vergangenen Woche vor seinen Augen das Ja-Wort gegeben haben. Sie werden sich wundern. Das Alter kann es also nicht sein. Was ist es dann?

Der Mangel an Gelegenheiten

Sie lernen jenseits der 30 einfach seltener ungebundene Männer oder Frauen kennen. Und dabei ist es egal, wo Sie wohnen. Ob in einem idyllischen schwäbischen Dorf, in einer beschaulichen ostfriesischen Kleinstadt oder in einer lebendigen ostdeutschen Großstadt.

Viele Menschen glauben, es sei der pure Zufall, der ein Paar zusammenführt. Die Liebe kommt oder sie kommt nicht. Das ist eben Schicksal. Denken Sie auch, dass der Zufall Ihnen den Lebenspartner ins Haus trägt? Sind Sie auch davon überzeugt, dass Sie nichts unternehmen können, um die Liebe in Ihrem Leben wahrscheinlicher zu machen?

Die neue Partnerschaft, die wir uns so sehnlich wünschen, soll also ohne jede Mühe und aus reiner Fügung zustande kommen. In unserer Idealvorstellung steht sie eines Tages einfach vor uns, ganz zufällig und ohne unser Dazutun. Die Realität sieht aber anders aus: Nach Erkenntnissen der Psychologie braucht man für eine erfolgreiche Partnersuche außer der grundsätzlichen inneren Offenheit vor allem Gelegenheiten zum Kennenlernen neuer Menschen. Mit Schicksal oder Fügung hat das Finden eines Partners also nicht das Geringste zu tun, sondern mit simpler Logik: Nur wenn wir neue Menschen kennen lernen, hat die Liebe eine reale Chance. Und genau diese Gelegenheiten zum Kennenlernen werden immer weniger, sobald wir die 30 überschritten haben. Das liegt vor allem daran, dass die Zahl der Singles abnimmt, je älter wir werden.

Wenn Sie dieser schlichten Tatsache ins Auge schauen, laufen Sie weniger Gefahr, die Schuld für Ihr Alleinsein auf Ihre vermeintliche Unfähigkeit zur Liebe zu schieben oder auf die Spuren Ihres Alters. Und deshalb müssen Sie auch nicht mehr auf eine Schönheitsoperation sparen.

✗ *Beispiel:* »So langsam komme ich mir vor wie ein Exot. In meinem Freundeskreis sind alle fest gebunden«, erzählt der 34-jährige Helmut. »Ich bin wirklich der Einzige, der solo ist.« Viele von Helmuts Freunden können seine Klagen, wie schwer es sei, die Frau fürs Leben zu finden, nicht mehr hören. Helmut ist ernsthaft in Sorge um sich und seine Zukunft. Immer öfter leidet er unter depressiven Verstimmungen, geht nicht mehr aus, besucht nur noch selten seine Freunde, sondern sitzt zu Hause vor dem Fernseher. »Wie kommt es, dass nur ich niemanden finde?«

Die Antwort auf Helmuts Frage ist eigentlich einfach: Gerade weil viele Frauen seiner Altersgruppe inzwischen fest gebunden sind, sollte er alle Gelegenheiten zum Kennenlernen neuer Menschen nutzen und sich nicht in sein Schneckenhaus zurückziehen. Klar, dass ein 25-jähriger Mann wesentlich häufiger Frauen trifft, die altersmäßig zu ihm passen und ungebunden sind. Als Mittdreißiger muss Helmut natürlich zielstrebiger Ausschau halten, um eine passende Partnerin zu finden.

Als Single in der Singlegesellschaft

Warum aber ist dann immer wieder von der rasanten Entwicklung Deutschlands hin zu einer Single-Gesellschaft zu lesen? Von 30 Prozent Singles in den Großstädten ist da die Rede und von 50 Prozent in den Innenstädten. Millionen ungebundener Frauen und Männer warten demnach nur darauf, endlich einen für immer und ewig kennen zu lernen, oder? Genau hierin liegt das Problem. Denn wenn Sie immer wieder lesen, dass es Singles gibt wie Sand am Meer, dann glauben Sie das auch irgendwann. Und Sie können überhaupt nicht verstehen, warum ausgerechnet Sie keinen passenden finden.

Wie kann das sein? Ist die Singleschwemme etwa nur von findigen Journalisten erfunden? Ja, ist sie! In Wahrheit gibt es diesen Trend überhaupt nicht. Der vermeintliche enorme Zuwachs an Singles beruht auf Zahlen des Statistischen Bundesamtes. Dieses Amt erfasst aber nicht die Zahl der wirklichen Singles, also aller Ungebundenen, sondern die Zahl der Menschen, die allein in ihrer Wohnung gemeldet sind. Und auch wenn ein Mann zu seiner Freundin zieht oder ein Paar schon seit fünf Jahren in getrennten Wohnungen Tür an Tür wohnt, finden sie sich in der Statistik als Single wieder. Je reicher unsere Gesellschaft in den vergangenen Jahrzehnten wurde, desto mehr Menschen leisteten sich eine eigene Wohnung, die sie in manchen Fällen auch behielten, wenn sie schon längst wieder fest liiert waren.

Die große Zahl von Einpersonenhaushalten in den Innenstädten der Großstädte erklärt sich darüber hinaus auch dadurch, dass es zwei gesellschaftliche Gruppen besonders stark dort hinzieht. Da sind zum einen die bekennenden Singles, die keine Beziehung wollen. Die zweite Gruppe sind die Homosexuellen, die die Qualität eines urbanen Lebens schätzen und die größere Liberalität von Großstädten. Auf ihre eigene Wohnung verzichten sie allerdings nur selten, auch wenn sie in einer Beziehung leben. Allerdings sind junge Leute zwischen 20 und 30 heute tatsächlich häufiger als früher Single. Insofern stimmt die Statistik. Hinzu kommen noch allein lebende Senioren, getrennt oder verwitwet, auch ihre Zahl nimmt stetig zu und geht mit in die Zahlen der Singles ein. Für alle dazwischen hat sich aber nichts geändert. Wissenschaftliche Untersuchungen kommen jedenfalls zu dem Ergebnis, dass in den mittleren Lebensjahren zwischen 30 und 45 heute genauso viele Menschen Singles sind wie vor drei oder fünf Jahrzehnten: knapp 10 Prozent, mehr nicht. Und ein Teil dieser 10 Prozent gehört auch noch zu den »bekennenden Singles«, die nichts von einer festen Beziehung wissen wollen.

Fazit: Mit zunehmendem Alter sinkt zwar die Zahl möglicher Partner, da immer mehr Männer und Frauen in festen Händen sind. Grund für Pessimismus besteht trotzdem nicht: Singles gibt es sogar noch (oder wieder) im Alter von 85 Jahren. Sie sind nur seltener und somit schwerer zu finden. Und wenn Sie bei Ihrer Suche in reiferen Jahren einen entsprechenden Partner gefunden haben, können Sie davon ausgehen, dass es sich nicht nur um einen Lebensabschnittsgefährten handelt, sondern um einen für immer und ewig.

Lebensabschnittsgefährte ade

Ich will Ihnen noch einen weiteren Grund nennen, der die Partnersuche jenseits der 30 schwieriger macht. Unsere Ansprüche werden mit der Zeit höher. Glauben sie mir: Das ist auch gut so. Eine Beziehung, die so »ganz nett« ist und ein oder zwei Jahre dauert; ein bisschen kuschelige Wärme in den Armen eines lieben

Menschen; eine lustig verbrachte Freizeit – das ist für Menschen zwischen 20 und 30 noch ganz in Ordnung. Und wenn es irgendwann nicht mehr so richtig prickelt – meist nach einem bis eineinhalb Jahren, wenn die Verliebtheit der Anfangszeit abgeflaut ist –, dann sucht man sich eben einen Neuen. Man hat ja noch Zeit! Jenseits des 30. Geburtstags steigen bei den meisten Menschen die Ansprüche an eine Beziehung allerdings steil an: Sie wollen Stetigkeit, Verbindlichkeit und Verlässlichkeit. Sie suchen nicht mehr nach einem Lebensabschnittsgefährten. Sie wollen eine langfristige, verbindliche Beziehung. Sie suchen nach einem Partner, der sich auch für eine Familiengründung eignet.

Beispiel: »Drei Jahre sind eine lange Zeit!« Tina lebt nun schon **✗** seit drei Jahren allein, obwohl sie früher doch nie Mühe hatte, Männer kennen zu lernen. Die 30-Jährige mit den langen, wallenden Haaren hat in Berlin und Paris Architektur studiert und ist in ihrem Beruf sehr erfolgreich. Bei ihrer Suche nach einem Partner ist das nicht der Fall. Tina ist ratlos und stellt sich in letzter Zeit immer häufiger die Frage, ob sie etwas falsch macht.

Wie stellt sich Tina ihre nächste Beziehung vor? Will sie einen Lover? Oder einen Partner, der die Höhen und Tiefen des Lebens mit ihr teilt? Ist sie auf einen familientauglichen Mann aus? »Aber sicher will ich Kinder«, antwortet Tina ohne nachzudenken. »Nicht sofort, aber allzu lange will ich auch nicht mehr warten. Ich will eine Familie.«

Was also soll sie tun? Gelegenheit macht Liebe! Wenn Tina nicht bis zum Sanktnimmerleinstag warten will, wenn sie nicht riskieren will, zunehmend zu verbittern, wenn sie ihren Wunsch nach einer eigenen Familie nicht notgedrungen zu Grabe tragen will, dann sollte sie vor allem eines tun: die Initiative ergreifen und für neue Gelegenheiten zum Kennenlernen von Männern sorgen.

Das wahre Märchen von Rapunzel

Gelegenheit macht Liebe. So war das auch schon früher, in den guten alten Zeiten, als das Wünschen noch geholfen hat. Zum Beispiel bei Rapunzel. Seit einiger Zeit schon saß die schöne Rapunzel einsam in ihrem Turm – ohne Tür und ohne Treppe. Sie kämmte sich des Morgens vor dem Spiegel ihr langes, prächtiges Haar, fein wie gesponnenes Gold, und sehnte sich nach einem Mann. Sie wurde bald 16! Alle Altersgenossinnen waren bereits verheiratet, waren schwanger oder hatten bereits Kinder. Nur sie war auf dem besten Wege, eine alternde Jungfer zu werden! Sie musste etwas unternehmen. Aber was? Schließlich kam ihr eine Idee. Immer wieder kamen Wanderer auf dem nahen Waldweg vorbei. Sie konnte sie sehen: Bauern auf dem Weg zum Markt, Handwerksgesellen unterwegs in die nächste Stadt. Dann und wann kam sogar ein abenteuerlustiger Edelmann vorbei. Sie beschloss, von nun an oben auf dem Turm ihre süße Stimme erschallen zu lassen, sodass sie weithin zu hören war.

Schon am ersten Tag lernte sie drei Männer kennen. Am darauffolgenden waren es bereits fünf, die sie auf diese Weise von ihrem Weg abbrachte und zu einem Schwatz verführte. »Na also, es geht doch«, sagte sie des Abends zu ihrem Spiegelbild – denn sonst hatte sie ja niemanden, dem sie ihre Neuigkeiten erzählen konnte.

Nach zwei Wochen trug es sich zu, dass der Sohn des Königs durch den Wald ritt und an dem Turm vorüber kam. Auch er hörte den lieblichen Gesang und er war ganz ergriffen. Der Königssohn wollte zu Rapunzel hinaufsteigen und suchte nach einer Türe, aber es war keine zu finden. Da sah er, dass eine Zauberin herankam und hörte, wie sie hinaufrief:

»Rapunzel, Rapunzel, lass dein Haar herunter.«

Da ließ Rapunzel die Haarflechten herab, und die Zauberin stieg zu ihr hinauf. Am folgenden Tag ging der Königssohn zu dem Turm und rief:

»Rapunzel, Rapunzel, lass dein Haar herunter.«

Die Haare fielen herunter und er stieg herauf. Zuerst erschrak Rapunzel, denn mit einem Königssohn hatte sie nicht gerechnet. Doch er erzählte ihr, dass ihr Gesang sein Herz bewegt habe und er sie habe sehen müssen. Da verlor Rapunzel ihre Angst und die beiden verbrachten einen vergnügten Abend miteinander. War das ein toller Mann!

Bald kam er jeden zweiten Tag zu ihr. Die Tage zwischen den Treffen wurden ihr immer langweiliger. An all den anderen Männern, die sich von ihrer Stimme anlocken ließen, fand sie keinen Gefallen mehr. Wie uninteressant sie doch waren! Eines Abends dann gestand ihr der Prinz seine Liebe.

Gelegenheit macht Liebe

Gehen Sie seit Jahren in dieselbe Sportgruppe, bewegen Sie sich praktisch nur in einem festen Freundeskreis, arbeiten Sie tagein, tagaus mit altbekannten Kollegen zusammen? Glückwunsch! Sie haben es sich in Ihrem Leben gemütlich eingerichtet. Und es spricht natürlich nichts dagegen, dass Sie sich gerne mit Ihren Freunden treffen und auch noch nach zehn Jahren denselben Sportkurs besuchen. Im Gegenteil! Es vermittelt Ihnen ein angenehm-vertrautes Gefühl, ein Gefühl von Rückhalt und Beständigkeit in einer Welt des Wandels und der Veränderung. Doch die Kehrseite dieses gemütlichen Lebens liegt auf der Hand: So können Sie keine neuen Menschen kennen lernen! Sie sitzen in der klassischen Gelegenheitsfalle, so wie Rapunzel in ihrem Turm – ohne Treppe und ohne Tür. Sie machen kaum neue Bekanntschaften. Dadurch kommt Ihnen eine der Grundvoraussetzungen für die Liebe abhanden.

Klopfen Sie also Ihr Leben einmal ab. Mangelt es Ihnen an zwanglosen Möglichkeiten zum Kennenlernen? Dann hat Sie die Liebe bislang noch nicht erreicht, weil sie schlicht keine Gelegenheit dazu hatte. Verbannen Sie endlich all die selbstkritischen Gedanken, zu denen Sie möglicherweise oft neigen. Sie müssen sich nicht länger als Versager fühlen, denn dadurch würde Ihr Selbstwertgefühl nach und nach dahinschmelzen wie Schnee in der Frühlingssonne. Am Ende sind Sie dann von einer Partnerschaft weiter entfernt denn je. Fangen Sie lieber an, sich Gedanken darüber zu machen, wo und wie Sie Ihren Prinzen oder Ihre Prinzessin kennen lernen können und ergreifen Sie alle Gelegenheiten!

X *Beispiel:* »Wahrscheinlich soll es einfach nicht sein«, sagt Susanne und ihre Stimme klingt traurig. Warum ist sie schon seit Jahren Single?

Vielleicht, mutmaßt sie, ist es schlicht das Schicksal, das sich entschieden habe, gerade ihr keinen Mann fürs Leben zu gönnen.

Wie sieht denn der Alltag von Susanne aus? Die 40-Jährige ist Lehrerin »mit Leib und Seele«, wie sie sagt. Sie hat ein paar gute Freundinnen. Mit ihnen ist sie oft unterwegs. Und Männer? Nein, Männer lernt sie dabei natürlich nicht kennen. Sie und ihre Freundinnen quatschen miteinander und haben viel Spaß dabei. Aber sie sind nur mit sich beschäftigt. Bei Einladungen und Festen trifft sie praktisch immer die gleichen Männer, die natürlich schon seit Jahren vergeben sind. Und im Kollegenkreis ist auch kein Neuzugang zu verzeichnen.

Wie und bei welcher Gelegenheit kann Susanne eigentlich einen

Mann kennen lernen? Und wie viele Single-Männer hat sie in den vergangenen zwölf Monaten tatsächlich kennen gelernt? Ihre Antwort: »Zwei oder drei.« Das ist, um es ganz klar zu sagen, viel zu wenig.

Mit der Hunderterregel knacken Sie den Jackpot

Wie viele Gelegenheiten müssen Sie denn wahrnehmen, um einen Partner zu finden? Als Faustregel gilt: Unter etwa 100 Menschen finden wir den einen, mit dem wir gerne zusammen sein wollen. Das klingt nicht übermäßig schwer, nicht nach Klettern an der Eigernordwand, aber auch nicht nach einem leichten Spaziergang. Die Partnersuche ähnelt eher einer ordentlichen Bergwanderung mit festem Schuhwerk, einem Rucksack mit dem Nötigsten und genug zu essen und zu trinken dabei. Zur Belohnung winkt dann allerdings am Ende eine wunderbare Aussicht.

Beispiel: Erna geht schon seit einigen Jahren ohne Partner **X** durchs Leben. Trotzdem führt sie ein erfülltes Leben: Sie trifft sich gelegentlich mit guten Freundinnen, sie liest viel und geht regelmäßig ins Theater. Trotzdem möchte Erna gerne wieder einen Partner an ihrer Seite haben. Sie war immerhin 20 Jahre verheiratet. Nun ist sie seit vier Jahren Witwe und hat vor einigen Wochen ihren 52. Geburtstag gefeiert.

Erna ist eine realistische und zielstrebige Frau, und ihr ist völlig klar, dass ein Partner nicht eines Tages unverhofft vor ihr stehen und ihr sein Herz zu Füßen legen wird. Sie weiß, dass sie einiges tun muss, um einen passenden Lebenspartner zu finden. Deshalb gibt sie seit einem halben Jahr Kontaktanzeigen auf – in wohlgesetzten Worten, wie man es von einer Dame in reiferem Alter erwarten darf. Erna hat sich bereits mit sage und schreibe 91 Männern getroffen, beinahe jeden Abend mit einem. Bis endlich der richtige dabei war: der 92. Was war anders an ihm, warum kam nicht schon vorher einer in Betracht?»Ich wusste immer sehr schnell, ob meine Verabredung aussichtsreich war oder nicht.« Viele Männer suchen in diesem Alter eine Frau, die das Essen für sie kocht und die Wäsche wäscht. Von so jemandem ließ sich Erna nicht beeindrucken – sie wusste ja, dass sie solch einen Mann nicht haben wollte und hat sich höflich verabschiedet.

Andere Männer wiederum ließen ein gepflegtes Äußeres vermissen. Und eines Tages tritt Mann Nummer 92 durch die Tür: Hans. Bei Hans hat Erna von Anfang an so ein bestimmtes Gefühl in der Magengegend. Sein Aussehen, sein Gang, seine ganze Erscheinung – all das gefällt ihr und sie denkt, das könnte er sein, der gesuchte Partner. Denn nach 91 Treffen weiß Erna die Männer ziemlich genau einzuschätzen. Für ein erstes Urteil reichen ihr schon die Körperhaltung und ein Blick in seine Augen. Nachts hat Erna noch lange über ihr Treffen mit Hans nachgedacht. War das ein charmanter Gesprächspartner! Nicht aufdringlich, nicht besserwisserisch. Gute Umgangsformen hat er auch. Es gingen noch einige aufregende Tage vorbei, bis Hans sie anrief, um sich mit ihr wieder zu verabreden. Und schon beim vierten Treffen waren beide richtig verliebt.

Hut ab vor Erna! Aber geht es nicht vielleicht ein bisschen schneller, werden Sie jetzt vermutlich fragen. Müssen wir uns wirklich mit so vielen Menschen treffen, um einen zu finden, der uns zusagt? Klar können Sie Glück haben, und Ihnen sitzt schon beim dritten Versuch der Richtige gegenüber, aber wahrscheinlich müssen Sie ein paar Dates mehr ausmachen, um ihn zu finden. Nehmen Sie es doch von der sportlichen Seite: 100

ist doch eine überschaubare Zahl, wenn man bedenkt, dass viele Menschen meinen, ihre Chancen in der Liebe stünden so schlecht wie ihre Aussichten auf einen Millionengewinn im Lotto. Knacken Sie also Ihren Jackpot! Das muss Ihnen ja nicht schon übermorgen gelingen, oder? Lassen Sie sich dabei von zwei Gedanken leiten: Die Chancen, schon beim 100. Versuch das große Los zu ziehen, stehen in der Liebe deutlich besser als im Lotto. Und es gibt nicht nur einen einzigen, der zu Ihnen passen könnte. Mit dem nötigen Durchhaltevermögen haben Sie also beste Aussichten auf das große Glück.

Und wo suchen Sie?

Ausdauer und immer neue Gelegenheiten, Menschen kennen zu lernen, brauchen Sie schon. An welchen Orten und bei welchen Anlässen haben Sie in den vergangenen zwölf Monaten ungebundene Männer oder Frauen kennen gelernt? Achtung: In vielen Berufen kommen Beziehungen zu Kollegen, Kunden und Geschäftspartnern von vornherein nicht in Betracht. Solche Kontakte zählen also nicht.

Sie sind gerade einmal auf fünf bis zehn ledige Prinzen oder Prinzessinnen gekommen? Nun, dann müssen Sie jetzt stark sein und der Wahrheit ins Auge sehen: Wenn Sie in diesem Tempo weitersuchen, dann werden Sie zehn bis zwanzig Jahre brauchen, um einen für immer und ewig zu finden.

Bringen Sie also lieber etwas Schwung in Ihr Leben. Überlegen Sie, welche zusätzlichen Möglichkeiten zum Kennenlernen für Sie in Frage kommen. Bedenken Sie dabei immer: Wenn es Ihnen gelingt, aktiver zu werden, dann geben Sie der Liebe eine größere Chance.

Im nächsten Kapitel können Sie lesen, wie Sie Ihre Aktivitäten noch verstärken und mit gezielten Suchstrategien schneller zum Ziel kommen können.

Seien Sie wählerisch!

Kommt es vielleicht nur zur Hunderterregel, weil wir unsere Ansprüche an einen Partner so hochschrauben? Könnten wir nicht etwas weniger wählerisch werden und dafür schon bei 50 erfolgreich sein? Ist das ganze »Elend der Partnerlosigkeit« nicht das Ergebnis überzogener Ansprüche, wie so oft behauptet wird? Nein, das ist es nicht, im Gegenteil: Wenn wir uns auf Partnersuche begeben, dann sind hohe Ansprüche sogar absolut notwendig. Besonders dann, wenn wir so langsam auch an die Familiengründung denken. Die Zeit zwischen dem 30. und 40. Lebensjahr wird immer häufiger zur Hauptphase für eine Familiengründung. Und wer ernsthaft erwägt, Nachwuchs in die Welt zu setzen, sucht keinen Lebensabschnittsgefährten, sondern einen Partner für immer und ewig – und wird zu Recht entsprechend wählerisch.

→ *Tipps für Frauen, die Kinder und Beruf vereinbaren wollen:* Ziehen Sie bei der Partnerwahl auch jüngere Männer in Betracht. Diese sind häufig unkonventioneller eingestellt und außerdem im Beruf zumeist noch nicht so eingebunden.

Bedenken Sie: Frauen, die sich für einen sehr karriereorientierten Mann entscheiden, geben oft über kurz oder lang ihren Beruf auf, weil der Mann arbeitsbedingt keine Zeit hat, sich auch noch um die Kinder zu kümmern. Oder er nimmt ein besser dotiertes Angebot in einer anderen

Stadt an, dann zieht sie mit und gibt ihren Job auf – oder der Mann pendelt und die Frau ist mit den Kindern allein. Stellen Sie fest, ob er bereit ist, einen Teil der Hausarbeit zu übernehmen. Oder gehört er zu den 60 Prozent der deutschen Männer, die nach wie vor überzeugt sind, Haushalt sei Frauensache? Prüfen Sie, ob er durch seine Mutter oder bisherige Partnerinnen an Rundumversorgung gewöhnt ist. Oder hat er gelernt, selbst für sich zu sorgen, kann also Wäsche waschen, putzen und kochen? ●

Aber die Kinderfrage ist nicht der einzige Grund, warum wir im Laufe der Jahre in Bezug auf die Liebe wählerischer werden. Menschen lernen (hoffentlich!) aus Erfahrung. Und die Erfahrungen, die wir im Laufe unseres Lebens in Beziehungen machen, schlagen sich bei unserer nächsten Partnersuche unweigerlich nieder. Wir wissen immer genauer, was wir wollen, und vor allem, was wir nicht wollen. Im Grunde ist das eine feine Sache. Stellen Sie sich doch einmal vor, Sie würden nicht aus Ihren Fehlern lernen. Sie würden zwangsläufig immer wieder an den gleichen Klippen stranden. Keine angenehmen Zukunftsaussichten. Menschen, die immer wieder die gleichen Fehler machen, neigen mit der Zeit zu tiefem Pessimismus in Sachen Liebe. Häufig findet sich bei ihnen auch das Phänomen der *absteigenden Treppe*. Ihre Beziehungen werden von Mal zu Mal kürzer oder chaotischer. Irgendwann haben sie das Durcheinander satt und verzichten für immer oder für sehr lange Zeit auf eine Partnerschaft. Besonders anfällig für die *absteigende Treppe* sind Männer und Frauen, die sehr unrealistische Vorstellungen von der Liebe haben, die also ganz und gar in die Fänge der Liebesmythen geraten und dort geblieben sind (siehe hierzu eventuell noch einmal Kapitel 2).

Nun gibt es aber zum Glück nicht nur die *absteigende Treppe*, sondern auch das Gegenteil, die *aufsteigende Treppe*. Unsere Beziehungen dauern von Mal zu Mal länger und werden intensiver. Die *aufsteigende Treppe* erreichen wir aber nur, wenn wir dazulernen und anspruchsvoller werden. Das wäre ja alles ganz wunderbar – wenn da nicht der kleine Haken wäre: Höhere Ansprüche bedeuten eben auch eine längere oder intensivere Suche. Wir müssen mehr Menschen kennen lernen, um den einen zu finden, der unsere Ansprüche erfüllt und deshalb zu uns passt.

Die Geschichte von Bettina und Andreas

Andreas ist verunsichert

Nun hatte er bereits den dritten Beziehungsversuch hinter sich. Diesmal hielt das Ganze vier Monate. »Was mache ich nur falsch?«, fragte er sich. »Gar nichts«, sagte Ralf zu ihm und schaute erstaunt. »Wie kommst du denn darauf, dass du etwas falsch machst?«

Aber wieso klappte es dann nicht? Erst musste er eine Ewigkeit warten, bis er endlich eine Frau kennen lernte, die ihn reizte. Und wenn er sich dann verliebte, dann war nach drei, nach fünf oder nach sechs Monaten bereits wieder alles zu Ende. Das war doch nicht normal!

»Quatsch!«, sagte Ralf und lachte. »Sie haben einfach nicht so gut zu dir gepasst, wie du am Anfang gedacht hast. Das ist schon alles.«

Ohne überzogene Ansprüche

Natürlich dürfen die Ansprüche an einen Partner nicht überzogen oder unrealistisch sein. Ein 50-Jähriger mit Bierbauch, der nur nach 20-jährigen Models mit Traummaßen Ausschau hält, die mit ihm bald eine Familie gründen wollen, wird auch unter mehreren 100 Frauen nicht fündig werden. Auf der anderen Seite sollten die Ansprüche auch nicht zu niedrig hängen und sich nur auf Äußerlichkeiten beziehen. Vielmehr müssen wir uns an den eigenen Bedürfnissen und Wünschen an eine Beziehung orientieren.

Frauen wissen meist deutlich mehr über sich und ihre Bedürfnisse in einer Beziehung. Sie sehen klarer als Männer, dass ein gewisses Maß an erotischer Anziehungskraft allein keine Gewähr für eine gelingende Beziehung bietet. Sie suchen eher nach einem Mann, der wesensmäßig zu ihnen passt, und sagen schneller »nein«, wenn er Ihnen nicht rundum zusagt.

Beispiel: Helga hat sich im letzten Jahr mit rund 20 Männern verabredet. Keiner kam für sie infrage, allen hat sie höflich, aber bestimmt einen Korb gegeben, obwohl alle sie wiedersehen wollten. Das hat die 43-Jährige aber nicht nur gefreut. »Sicher ist es nett, so begehrt zu sein«, sagt sie. Doch sie wird bei vielen Männern das Gefühl nicht los: Hauptsache eine Frau! »Wer ich wirklich bin, wie mein Leben aussieht, welche Ziele ich habe – kein Mann hat sich ernsthaft dafür interessiert.« Mit den Worten »Hauptsache das Fahrgestell stimmt!« macht Helga ihrem Ärger Luft über die Oberflächlichkeit der Männer, denen sie begegnet ist. »Ich will doch nicht irgendeinen Mann! Und ein Mann, der mir nach dem ersten Treffen am Telefon einen Heiratsantrag macht – das ist doch wohl lächerlich.« Vor allem ist Helga von der Unsensibilität vieler Männer irritiert. »Ich habe mich für keinen erwärmen können – und die meisten scheinen das gar nicht bemerkt zu haben.«

Viele Männer sind bei der Partnerwahl weitaus einfacher gestrickt:»Sie sieht gut aus und ich kann mich passabel mit ihr unterhalten – was will ich mehr?« Hoffentlich eine Menge! Wenn Sie wirklich eine für immer und ewig suchen, dann sollten Sie unbedingt wählerisch sein! Schauen Sie beim Kennenlernen genau hin – und zwar nicht nur auf die schönen Locken und die manikürten Fingernägel. Hier ein paar Anregungen:

- Gefällt Ihnen ihre Art zu reden?
- Hat sie ähnliche Ansichten über das Leben wie Sie?
- Passt sie sich im Gespräch stark an oder wirkt sie gelassen und selbstsicher?
- Was macht sie in ihrer Freizeit?
- Gibt es Anknüpfungspunkte mit Ihren Interessen?
- Welche Lebensziele hat sie?

Sie wissen ja inzwischen: Sich zu verlieben ist leicht. Wenn Sie aber einen Partner fürs Leben suchen, sollten Sie es mit folgendem alten arabischen Sprichwort halten:»Vor der Ehe: Augen auf. In der Ehe: Augen halb geschlossen.« Viele Männer und Frauen machen es genau umgekehrt. Erst wenn sie sich innerlich fest an den anderen gebunden haben, sind sie bereit, ihn auch realistisch zu sehen. Und manchmal kommt dann das böse Erwachen.

✗ Beispiel: Die 45-jährige Maria ist seit drei Jahren mit Jörg zusammen. Aber vielleicht ist »zusammen sein« die falsche Wortwahl, denn etwa alle sechs Wochen streiten sich die beiden so heftig, dass Jörg die Beziehung beendet. Nach ein paar Tagen ruft Maria dann wieder bei Jörg an – und das Beziehungsdrama beginnt von vorne.

Was findet Maria an Jörg, dass sie ihn immer wieder zum Zurückkommen auffordert? Maria fällt auch nach längerem Nachdenken nur wenig ein: Er sieht gut aus und er ist beruflich erfolgreich. Das war's. Dann folgt schon ihre Kritik: Er benimmt sich garstig gegenüber ihrem Sohn. Er ist ihr zu stur, zu eingefahren in seinen Gewohnheiten, beteiligt sich kaum an der Hausarbeit und ist ausgesprochen knickerig. Und er hat keine Freunde.

Es gibt Menschen, die nehmen den Erstbesten, der ihnen über den Weg läuft, wenn sie auf der Suche nach einem Partner sind. Geschmeichelt davon, dass sie umworben werden, stürzen sie sich sogar in völlig aussichtslose Beziehungen. Sie meinen, die Stimme ihres Herzens werde ihnen schon den rechten Weg weisen. Dabei machen sie sich nur unglücklich. Partnerschaften sind schließlich kein Kinderspiel – erst recht nicht, wenn sie für den Rest des Lebens halten sollen.

Darum ist es wichtig, dass Sie sich erst einmal klar darüber werden, was Ihnen bei der Partnerwahl wirklich wichtig ist. Sie wollen endlich eine selbstständige Frau – und finden sich doch erneut an der Seite einer Partnerin, die sich beim bloßen Anblick von Steuerformularen die Haare rauft? Sie wollen einen einfühlsamen, aufmerksamen Mann – und landen prompt schon wieder bei einem Workaholic, der an Ihrem Geburtstag erst um halb zwölf Uhr nachts heimkehrt – und sogar das Geburtstagsgeschenk vergessen hat?

Damit Ihnen das nicht mehr passiert, nehmen Sie ein Blatt Papier und einen Stift und schreiben Sie auf, welche Ansprüche Sie an einen Lebenspartner stellen, was Sie erwarten und was ihn auszeichnen sollte. Und überdenken Sie auch Ihre vergangenen Beziehungen. Was war gut? Was wollen Sie auf keinen Fall noch einmal erleben? Nutzen Sie auch die folgende Checkliste als Anregung.

Haben Sie Ihre Liste fertig, dann geht es ans Auswählen: Zehn Punkte dürfen Sie in die Top Ten aufnehmen, mehr nicht. Von diesen ausgewählten zehn Punkten unterstreichen Sie dann jene drei, die Sie am wichtigsten finden. Damit haben Sie Ihre persönliche Hitliste in der Hand. Die drei wichtigsten Punkte sind unabdingbare Forderungen, die Sie an einen Partner stellen. Die übrigen sieben sind für Sie von hoher Bedeutung. Die restlichen Punkte fallen in den Bereich jener Eigenschaften Ihres Traumpartners, die wünschenswert, aber nicht zwingend erforderlich sind.

Test: Was soll meine Partnerin oder meinen Partner auszeichnen?

○ Mein Partner hat Hobbys und Interessen, die ihn ausfüllen. Seine Freizeitgestaltung beschränkt sich nicht nur auf die abendliche Sitzung vor dem Fernseher.

○ Er hat ein positives Verhältnis zu seiner Arbeit. Sie stellt für ihn keine lästige Pflicht dar, die nur Stress und Frust ins Leben trägt.

○ Er hat zur Treue dieselbe Einstellung wie ich.

○ Er wünscht sich Kinder.

○ Wir fühlen uns sexuell sehr zueinander hingezogen.

○ Er interessiert sich für mich und mein Leben.

○ Er kann mir in die Augen blicken.

○ Er freut sich aufrichtig über meine Erfolge, zum Beispiel im Beruf oder beim Sport.

○ Er mäkelt nicht an mir herum. Wenn ihm etwas gefällt, macht er mir Komplimente.

○ Er kann über Gefühle sprechen. Unsere Gespräche drehen sich nicht ausschließlich um die Arbeit, das neue

Auto, die bevorstehende Urlaubsreise, den jüngsten Ausstellungsbesuch und Ähnliches.

○ Er kann seine eigenen Ansichten kritisch hinterfragen und fühlt sich nicht immer im Recht.

○ Er ist neugierig und aufgeschlossen für Neues.

○ Er räumt eigene Fehler ein und schiebt die Schuld nicht immer anderen in die Schuhe.

○ Er spricht positiv über andere und bleibt auch in der Kritik stets fair.

○ Er hat nicht nur oberflächliche Bekanntschaften, sondern auch richtige Freunde, mit denen er persönliche Gespräche führen kann.

○ Er ist bereit, einen Teil der Hausarbeit zu übernehmen.

Ergänzen Sie selbst!

In Kürze

❤ Die Partnersuche ist kein Schlussverkauf, bei dem Sie das letzte T-Shirt nehmen müssen, das noch auf dem Bügel hängt.

❤ Wenn Sie für genügend Gelegenheiten zum Kennenlernen sorgen, dann haben Sie die Wahl.

❤ Reduzieren Sie nicht Ihre Ansprüche, um endlich einen Partner zu finden. Angemessene Ansprüche sind das A und O einer erfolgreichen Liebe.

❤ Nur wer konsequent nach dem Partner sucht, den er will, der bekommt ihn auch. Wer aber daheim im stillen Kämmerlein sitzt, bleibt allein – und beginnt nach und nach an sich selbst zu zweifeln.

Die Geschichte von Bettina und Andreas

Bettina ärgert sich

Nun war sie das erste Mal nach ihrer Trennung von Bernhard wieder zu einer Party gegangen und schon hatten zwei Männer Interesse an ihr bekundet.»Wir könnten uns doch mal auf einen Kaffee treffen«, säuselte der eine. Der andere versuchte es ähnlich unverbindlich. Dass sich die Männer für sie interessierten, hat sie nicht gestört, doch beide waren verheiratet.»Bodenlos«, sagte sie zu ihrer Freundin Claudia,»verheiratete Männer kommen als Flirtpartner nun wirklich nicht in Frage!«

Doch Bettinas Kolleginnen und Kollegen waren beinahe alle verheiratet. Logisch, dass zu ihren Einladungen fast ausschließlich Paare kamen. So viel war sicher – einen interessanten Single-Mann würde sie dort wohl kaum kennen lernen. Aber wollte sie das denn überhaupt schon? Eigentlich war sie immer noch damit beschäftigt, ihr neues Leben ins Gleichgewicht zu bringen.»Die Liebe läuft dir nicht davon«, sagte Claudia. Und damit hatte sie wohl Recht.

Allzu häufig dachte sie noch an Bernhard. Sie waren in vielem von Anfang an wie Feuer und Wasser gewesen. Noch viele Jahre hatte sie gehofft, dass er sich ändern würde.»Männer kann man nicht ändern!«, hielt ihre Freundin Claudia immer wieder dagegen.»Frauen aber auch nicht«, fügte sie dann hinzu.»Nimm ihn, wie er ist oder such dir einen anderen.«

Andreas wird rot

Zurzeit traf sich Andreas nach der Arbeit gern mit Freunden oder genoss den Abend allein zu Hause.»Doch wie soll ich so eine Frau finden?«, hatte er neulich einen Freund gefragt. »Über eine Kontaktanzeige«, riet dieser, und Andreas verzog das Gesicht. »Zu unromatisch?« »Ja, auch«, antwortete Andreas. »Außerdem denke ich bei Kontaktanzeigen an schwer vermittelbare Frauen, die unbedingt unter die Haube wollen.« »Schwer vermittelbar«, wiederholte sein Freund sichtlich erheitert und schaute in den Garten, in dem seine Frau und sein Sohn spielten. Andreas schoss das Blut ins Gesicht. »Oh wie peinlich! Ihr habt Euch ja auch über eine Anzeige kennen gelernt.« »Ja, Beate war die unverbindlichen Flirts auf irgendwelchen Feten leid. Sie wollte einen Mann – keinen Lover.« »Was hat sie denn in der Anzeige geschrieben?« »Ganz einfach«, sagte Beate, die an der Tür die letzten Sätze mitgehört hatte, »Suche einen für immer und ewig.«

4.

Das ABC des Kennenlernens

Nur wer regelmäßig neue Menschen kennen lernt, gibt der Liebe eine Chance. Werden Sie also aktiv. Stürzen Sie sich in das Getümmel der Partnersuche. Ob im Café oder bei einem Wochenendseminar, ob bei einer Verabredung mit Freunden oder über eine Kontaktanzeige – nutzen Sie Ihre Möglichkeiten und machen Sie Ihrem Glück Beine. Denken Sie nicht zuletzt auch an entsprechende Angebote im Internet. Ihre Erfolgsaussichten sind in diesem relativ neuen Medium für die Partnersuche enorm, da es mittlerweile viel und von allen Altersgruppen genutzt wird •

Auf der Suche nach neuen Strategien

Früher war alles ganz einfach. In dem kleinen Dorf im Sauerland, aus dem ich stamme, gab es das Dorffest. Das war eine sehr praktische Sache für alle, die auf der Suche nach einem Flirt oder einem Partner waren. Die Bewohner des Ortes kamen mehrmals im Jahr zusammen und feierten. Auch aus dem Nachbarort kam der ein oder andere Neugierige hinzu. So wurden diese Feste zu einem wahren Jahrmarkt des Kennenlernens. Mann und Frau konnten sich zunächst einmal aus der Entfernung beobachten. Sie fragten ihre Bekannten: »Kennst du den?« »Was weißt du über sie?« Dann folgte ein Tänzchen in Ehren, das schließlich keine verwehren kann. Und wer weiß, vielleicht fand sie ja Gefallen an ihm und er an ihr. Und vielleicht wurde schließlich sogar geheiratet. So »einfach« war das früher – vor allem auch aus Mangel an sonstigen Gelegenheiten und Alternativen. Und natürlich kamen dabei auch nur selten wirklich glückliche Verbindungen zustande.

Und heute? Das Dorffest ist nicht mehr die einzige Kontaktbörse – zum Glück! Wir sind mobiler geworden und haben eine Vielzahl von Möglichkeiten, um neue Menschen – und einen Partner – kennen zu lernen. Aber wir müssen auch mehr dafür tun, die Initiative ergreifen und Gelegenheiten suchen. Und daran mangelt es bei vielen Menschen. Sie beklagen entweder die Vereinzelung und Anonymität in den Städten oder kritisieren die soziale Enge und die eingeschränkte Auswahl auf dem Land. Sie klagen über die Gesellschaft, sie klagen über die Frauen, die angeblich keine feste Bindung mehr wünschen, sie klagen über die Männer, die ihrer Meinung nach nie zuhören. Sie klagen und klagen, statt zu handeln und Gelegenheiten zum Kennenlernen zu suchen, statt die Verantwortung für ihr Leben und ihr Glück in die Hand zu nehmen. Der wichtigste Unterschied zwischen den erfolgreichen und den erfolglosen Suchern liegt nämlich darin, dass die einen etwas dafür tun, um andere Menschen kennen zu lernen, und die anderen nicht.

Also: Tun Sie etwas. Denken Sie darüber nach, welche Wege des Kennenlernens für Sie infrage kommen. Wollen Sie einfach jemanden im nächsten Café ansprechen? Oder lieber auf die nächste Party im Bekanntenkreis warten? Nehmen Sie Ihren Mut zusammen und setzen Sie Ihre Pläne um! Was nützen all Ihre Vorsätze, wenn Sie weiter in Ihrer Winterstarre verharren? Gehen Sie Ihren Weg zielstrebig und mit Entschlossenheit – auch wenn Sie dabei Enttäuschungen erleben, weil die Männer oder Frauen, die Sie kennen lernen, nicht zu Ihnen passen.

→ **Tipp:** Verbannen Sie alle Pauschalurteile über das andere Geschlecht und die angeblich unüberwindbaren Hindernisse, die sich beim Kennenlernen in den Weg stellen könnten, aus Ihrem Kopf. Sätze wie »Ich würde ja so gerne eine Beziehung haben – wenn nur die Frauen nicht alle so viel reden würden!« oder »Ich bin ja bereit für eine Partnerschaft – aber die Männer sind ja so unsensibel!« helfen Ihnen nicht weiter, sondern halten Sie nur davon ab, aktive Partnersuche zu betreiben •

Also: kein Jammern mehr und keine Ausreden! Nutzen Sie lieber die Fülle von Möglichkeiten, die Sie heute haben, um andere Menschen kennen zu lernen – auch wenn Sie nicht mehr Anfang 20 sind. Folgen Sie mir auf den nächsten Seiten zu einem Streifzug durch die Welt des Kennenlernens mit ihren sechs am meisten Erfolg versprechenden Suchstrategien:

1. Suchen Sie sich Freizeitaktivitäten in der Gruppe.
2. Schauen Sie sich an Ihrem Arbeitsplatz um.
3. Laden Sie ein und lassen Sie sich einladen.
4. Flirten Sie offensiv.
5. Schreiben und beantworten Sie Kontaktanzeigen.
6. Surfen Sie im Internet – aber richtig.

1. Strategie: Suchen Sie sich Freizeitaktivitäten in der Gruppe

Einerlei ob Sie eine forsche Art haben oder ein besonders schüchterner Typ sind – bei der ersten Kennenlernstrategie können Sie gar nicht falsch liegen. Suchen Sie sich Freizeitaktivitäten, die

Ihnen Spaß machen und denen Sie in einer Gruppe nachgehen können, zum Beispiel in einer Theatergruppe, bei einem Lauftreff oder in irgendeiner anderen Gruppe mit festen Zusammenkünften. Denn erfahrungsgemäß stehen die Chancen für die Liebe am besten, wenn man sich regelmäßig sieht. Menschen, die sich immer wieder begegnen, entwickeln fast automatisch Interesse füreinander. Und früher oder später kann es dann »funken«. Manche zukünftigen Paare schleichen sogar monatelang umeinander herum, pflegen einen freundschaftlichen Kontakt und bauen so nach und nach ein sichereres Gefühl füreinander auf. Vor allem vorsichtige Charaktere sind daher in einer Freizeitgruppe gut aufgehoben. Auch Menschen, die sehr viel Angst vor einer Enttäuschung haben, greifen deshalb oft – unbewusst – zu dieser Strategie. Sie können lange in einer Wartestellung verharren und den anderen »prüfen«, ehe sie sich verlieben. Dagegen spricht absolut nichts. Schließlich wollen Sie ja nicht möglichst schnell unter die Haube, sondern einen zu Ihnen passenden Menschen finden.

Beispiel: Ulrike lernt Toni beim Sport kennen. Nach dem Trai- ning gehen alle zusammen in eine Kneipe. Die Abende dort mit Toni sind amüsant und unterhaltsam. Schon nach einigen Treffen regen sich Schmetterlinge in Ulrikes Bauch. »Nach fünf oder sechs Treffen habe ich ihm eine Postkarte geschickt, auf der ein Liebespaar abgebildet war – ein deutlicher Hinweis auf mein Interesse an ihm.« Sie ist zu diesem Zeitpunkt bereits ein wenig in ihn verliebt. »Ich weiß nicht mehr, wie ich an seine Adresse gekommen bin. Ich hatte Lust, ihn allein, außerhalb unserer Sportgruppe zu treffen.«

Gleich nachdem Toni die Karte erhalten hat, ruft er Ulrike an. Sie verabreden sich zum Pizzaessen. Und nach zwei weiteren Verabredungen hat es dann auch bei ihm gefunkt.

So einfach kann es gehen: Ein wöchentlicher Kurs, einige lustige Abende in der Kneipe, eine nette Postkarte – und schon entflammt die Liebe. Nicht immer geht es aber so glatt. Die Nachteile dieser Kennenlernvariante liegen auf der Hand: Bei einem wöchentlichen Sporttermin mögen mit einigem Glück zwei oder drei Singles dabei sein – und das ist eine sehr niedrige Zahl, wenn Sie ein wenig Auswahl haben wollen. Außerdem erfordert diese Strategie einen hohen Zeitaufwand. Um 20 Singles kennen zu lernen, müssen Sie jeden Abend in der Woche unterwegs sein. Zudem müssen Sie immer dann den Kurs wechseln, wenn Sie sich sicher sind, dass kein für Sie interessanter Single dabei ist. Das könnte bald zu einem organisatorischen oder zeitlichen Problem werden. Wer dennoch mit dieser Kennenlernvariante sympathisiert, sollte sie am besten mit einer der anderen Strategien kombinieren.

2. Strategie: Schauen Sie sich an Ihrem Arbeitsplatz um

Viele Paare begegnen sich zum ersten Mal am Arbeitsplatz. Dort können sie unter Kollegen immer wieder unverbindlich miteinander plaudern und haben schon ein wichtiges gemeinsames Thema: die Arbeit. Sie können sich Zeit nehmen, weil sie sich ja ohnehin beinahe täglich begegnen, und abwarten, ob aus der anfänglichen Sympathie mehr wird. Das Kennenlernen am Arbeitsplatz ist dann am wahrscheinlichsten, wenn Sie

- viele Kolleginnen oder Kollegen haben;
- in der Hierarchie relativ weit unten stehen, noch in der Ausbildung sind, ein Praktikum machen oder Ähnliches;
- oft mit Kollegen aus anderen Bereichen zu tun haben;
- häufig Weiterbildungen besuchen, zu denen auch Frauen oder Männer aus anderen Abteilungen oder Firmen kommen.

Der Arbeitsplatz ist ähnlich wie der Verein gerade auch für schüchterne und vorsichtige Menschen ein idealer Ort zum langsamen Beschnuppern und Herantasten. Auch für »Vielarbeiter« ist er oft die hauptsächliche Kontaktstelle.

Aber nicht für alle Menschen bietet der Arbeitsplatz geeignete Möglichkeiten zum Kennenlernen. Menschen etwa, die beruflich hauptsächlich mit Geschlechtsgenossen zusammenkommen, können von dieser Kennenlernstrategie kaum profitieren. Außerdem sehen manche Chefs »Techtelmechtel« am Arbeitsplatz gar nicht gern. Auch schrecken viele Menschen davor zurück, sich am Arbeitsplatz zu verlieben: denn, was passiert, wenn aus der Verliebtheit nie eine Liebe wird? Wenn es für Sie nur schwer vorstellbar ist, dem anderen weiterhin ohne Probleme tagtäglich bei der Arbeit zu begegnen, dann sollten Sie besser die Finger von solchen Versuchen lassen – erst recht, wenn es um Kunden geht. Privatkontakte zu Kunden sind nämlich in aller Regel tabu.

3. Strategie: Laden Sie ein und lassen Sie sich einladen

Trotz aller modernen und spektakulären Kennenlernvarianten, wie Internet-Chat, Speed-Dating oder Blind-Date-Dinner, finden sich die meisten Paare nach wie vor im Freundes- und Bekanntenkreis. Ruhige Zusammenkünfte wie ein Geburtstagsfrühstück eignen sich am besten zum Kennenlernen. Voraussetzung für neue Kontakte ist natürlich, dass auch Menschen kommen, die Sie noch nicht kennen. Fragen Sie den Gastgeber ruhig vorher, ob auch Singles kommen. Fragen Sie nach deren Namen und Beruf und was der Gastgeber sonst noch über sie weiß. So sind Sie von Anfang an im Bilde und es kann Ihnen nicht passieren, dass sie den halben Abend mit einem vermeintlichen Single flirten – und zu späterer Stunde plötzlich seine bessere Hälfte erscheint.

Gehen Sie allein und frühzeitig zu Partys. Das erhöht Ihre Chancen, jemanden kennen zu lernen. Im späteren Trubel wird es auf jeden Fall schwieriger, weil sich dann schon viele Gesprächsrunden gebildet haben.

Gehen Sie unbedingt zu jeder Hochzeit, auch wenn sie glückliche Paare schon lange nicht mehr sehen können. Sie glauben gar nicht, wie viele Paare sich bei Hochzeiten kennen lernen. Das hat einen ganz simplen Grund: Eine Hochzeit beruht ihrem Wesen nach auf dem Prinzip des Zusammentreffens zweier unterschiedlicher Freundeskreise, Bekanntenkreise und Verwandtschaften. Nirgendwo sonst können Sie also so viele unbekannte Singles kennen lernen wie hier. Sie müssen ja nicht gleich den Brautstrauß fangen.

Veranstalten Sie auch bei sich selbst mal einen Frühstücksbrunch oder laden Sie zu einer Feier ein. Bitten Sie Ihre Freunde, noch andere nette Menschen mitzubringen. Mit ein wenig Mut können Sie noch einen Schritt weiter gehen: Erzählen Sie Ihren Freunden, dass Sie auf Partnersuche sind. Bekennen Sie sich offen dazu, ein suchender Single zu sein. Bitten Sie sie, Ihnen interessante Singles vorzustellen. Zugegeben, das ist ungewöhnlich. Und viele Menschen finden eine solche Art des Kennenlernens zu unromantisch und meinen, der Zufall solle ein Paar zusammenführen. Aber Sie wissen ja bereits: Gelegenheit macht Liebe, nicht der Zufall.

Für manche ist das vielleicht ein befremdlicher Vorschlag, weil sie sich nicht »verkuppeln« lassen wollen. Doch darum geht es erst einmal gar nicht. Wie soll denn ein Dritter auch wissen, ob zwei Menschen zusammenpassen? Solche gezielten Zusammentreffen sind also nur dazu da, Singles kennen zu lernen und dann zu entscheiden, wie es weitergehen soll.

Sie haben bei dieser Flirtvariante viele Vorteile auf Ihrer Seite: Sie kennen bereits jemanden, der den infrage kommenden Single kennt – und vermutlich auch schätzt. Sie können also schon mal einiges über ihn oder sie in Erfahrung bringen. Und dadurch, dass es sich um einen Freund von einem Freund handelt, sind die Berührungsängste, die bei völlig Fremden oft groß sind, viel geringer – weshalb sich diese Variante auch für Schüchterne gut eignet.

4. Strategie: Flirten Sie offensiv

Der Austausch von Blicken stellt einen ersten Kontakt zwischen zwei Menschen her. Blicke sind oftmals unverfälschter und daher beim ersten Kontakt aufschlussreicher als Worte oder ein Lächeln. Wir lernen, Worte mit Bedacht zu wählen, und ein Lächeln kann aufgesetzt sein. Der Blick unserer Augen spricht hingegen eine weitaus ehrlichere Sprache. Er kann Sympathie und Interesse am Gegenüber signalisieren. Wer Angst hat, etwas von sich preiszugeben, wird dem forschenden Blick eines anderen ausweichen. Damit riskiert er, dass sein Gegenüber schnell das Interesse verliert.

Viele Menschen gehen mit einem stumpfen Blick durch die Welt. Sie haben regelrecht Angst vor den Blicken anderer, aus Schüchternheit oder aus Sorge, in den Augen der anderen Desinteresse, Spott, Kritik oder Ähnliches zu entdecken. Wer seine Augen derart verschließt, der hat es bei der Partnersuche sehr schwer.

Es gibt aber auch Menschen, die spazieren mit einem kecken »Leuchtturmblick« durchs Leben. »Was kostet die Welt?« scheinen ihre Augen zu signalisieren. Ihr Leben ist gespickt mit Möglichkeiten, Menschen zu begegnen. Und irgendwann kreuzt ihr

Blick den eines anderen, bleibt daran hängen, entdeckt darin dasselbe Signal – und schon beginnt ein kleines Abenteuer. Das kann sich überall ergeben, im Supermarkt, auf der Straße oder in der U-Bahn: Er schaut sie an, sie schaut zurück – und manchmal steigen beide sogar aus und gehen gemeinsam in ein Café.

Die Geschichte von Bettina und Andreas

Andreas: Der erste Schritt

Die langen, blonden Locken fielen ihr sanft bis über die Schultern und wenn sie lächelte, zeigten sich zwei reizende Grübchen rechts und links von ihrem Mund. Es war *die* Gelegenheit. Andreas saß in einem Straßencafé, die Mai-Sonne schien kräftig, der Cappuccino war gut, die Zeitung ausgelesen. Drei Tische weiter saß seine Traumfrau allein an einem Tisch und las. Doch als er sich vornahm, sie anzusprechen, wurde erst sein Mund fürchterlich trocken und dann fiel ihm kein Satz ein, mit dem er sie ansprechen könnte. Er bezahlte schließlich den Cappuccino und verließ niedergeschlagen das Café.

»Wie soll ich denn jemals eine Partnerin finden, wenn ich zu feige bin, eine Frau anzusprechen?«, fragte er Ralf. »Ich werde ewig Single bleiben, wenn ich mich nicht einmal traue, in einem Café eine Frau anzusprechen. Ein Mann muss nun einmal den ersten Schritt machen«, setzte er noch hinzu.

»Ach, Quatsch«, sagte Ralf.» Das Wichtigste beim Flirten ist der Augenkontakt und das Lächeln. Und diese beiden Signale gehen sehr häufig von Frauen aus. Wenn du gestern also deine Traumfrau nicht angesprochen hast, dann hat das einen einfachen Grund: Sie hat dich nicht dazu ermutigt. Und das bedeutet vermutlich, dass die Gute schon vergeben ist.«

Blicke sind aber nur eine unverbindliche Werbung. Sie können signalisieren, dass wir einen Menschen attraktiv, sympathisch und interessant finden. Mehr nicht. Aber auch nicht weniger. Wer einen Blick aussendet, startet einen Versuch, eine Werbung mit ungewissem Ausgang. Und genau dies hält viele davon ab, mit Blicken die Initiative zu ergreifen. Sie wollen Interesse, Sympathie und Gefühle nicht zeigen, ehe sie sicher sind, dass diese erwidert werden. Diese vorwiegend männliche Zurückhaltung – vielleicht auch Unsicherheit – hat Folgen für die Kunst des Flirtens: Anfangen muss in den meisten Fällen sie. Er nähert sich ihr erst dann, wenn sie ihm durch Blicke oder ein Lächeln ihr Interesse signalisiert hat. Beste Chancen also für Frauen, beim Liebeswerben aktiv zu sein. Höchste Zeit aber auch für Männer, in Sachen offensives Flirten aktiver zu werden!

Wie können Sie schneller Gewissheit bekommen als durchs Flirten? Gerade das Flirten ist ein idealer Einstieg in ein Gespräch, bei dem Sie sich besser kennen lernen und das gegenseitige Interesse prüfen können. Meist verflüchtigt sich dieses Interesse ohnehin recht schnell, wie bei Beate:

Beispiel: Beate liebt offene Blicke. Sie sind für sie die ersten Si- ✗
gnale, mit denen sie einem Mann ihr Interesse zeigt. »Ich habe neulich jemanden auf einem Fest kennen gelernt. Er war groß, mit blonden Locken. Ich fand ihn auf Anhieb sehr attraktiv.« Beate und ihr Flirtpartner kommen sich zunächst über Blickkontakt näher. Dabei spürt sie, dass auch er sich für sie interessiert. Schließlich gesellt sie sich zu seiner Gesprächsrunde. »Wir haben uns unterhalten, doch dabei merkte ich schnell, dass er nicht so recht mein Typ ist. Mit ihm konnte ich über viele Themen, die mich interessieren, zum Beispiel Psychologie und Politik, überhaupt nicht reden. Das fand ich schon sehr bald reizlos, und ich seilte mich wieder ab.«

Ein erster Blick

Ein Flirt ist noch keine Liebeserklärung, aber vielleicht der erste Schritt, damit es eines Tages dazu kommt. Außerdem hebt Flirten das Wohlbefinden ungemein und bringt Farbe in den grauen Alltag. Schade eigentlich, dass es für uns nicht selbstverständlicher ist.

✗ *Beispiel:* Der 35-jährige Florian lernte Luisa bei einem Abendessen bei Freunden kennen. Sie sitzt ihm gegenüber, lächelt ihn an, und es entspinnt sich eine Liebelei. »Luisa gefiel mir auf den ersten Blick. Sie ist sehr schlank und hat dunkle Haare. Ich finde sie außerordentlich hübsch.«

Luisa lächelte Florian im Laufe des Abends oft an. »Das war eine eindeutige Werbung um mich. Ich habe das Bild von ihrem Lächeln noch ganz deutlich vor Augen.« »Wir haben uns auch auf Anhieb sehr gut unterhalten. Dabei wurde schnell klar, dass wir uns füreinander interessieren. Ich erzählte, dass ich Pädagogik studiert habe, was sie auch sehr interessierte. Damit besaßen wir gleich eine Gemeinsamkeit.«

Ein warmer Blick, ein freundliches Lächeln – warum verschenken wir diese kleinen Aufmerksamkeiten so selten? Was »vergeben« wir uns damit? Gar nichts, im Gegenteil, sie bringen uns Sympathien ein. Deshalb sollten wir unsere Coolness und Unachtsamkeit, unsere Bedenken und Unsicherheiten über Bord werfen. Alle freundlichen Blicke und positiven Gefühle, die wir einem anderen entgegenbringen, tauen unser Gegenüber auf und nehmen es für uns ein. Menschen reagieren auf Sympathiebekundungen instinktiv mit Gegensympathie. Natürlich wird daraus nicht zwangsläufig Liebe. Dazu gehört eine Menge mehr, zum Beispiel sich im Gespräch und über gemeinsame Lebenseinstellungen näher zu kommen. Aber die Weichen dafür können Sie schon mit den ersten Blickkontakten stellen.

Eine erste Berührung

Blicke, Lächeln, Gesten – die ersten Schritte der Annäherung vollziehen sich oft ohne Worte. Umso wichtiger ist es, die Körpersprache zu beherrschen und zu verstehen! Achten Sie auf Ihr Verhalten gegenüber Menschen, die Ihnen sympathisch sind. Lernen Sie, durch Körpersprache Sympathie und den Wunsch nach Nähe auszudrücken. Es gibt inzwischen sogar Flirtschulen, in denen man das ABC des Flirtens lernen kann.

Haben Sie auch ein Auge darauf, ob und wie andere mit ihrer Körpersprache ihr Interesse an Ihnen bekunden. Schließlich braucht es zum Flirten Zwei. Und deswegen speist ein Flirt sich nicht aus dem, was einer tut, sondern aus der Interaktion, dem Eingehen auf die Signale und Reaktionen des anderen. Daraus können sich dann wunderbare Liebesgeschichten entwickeln – oder einfach nur entzückende Stunden.

Beispiel: Eduard suchte schon eine geraume Weile nach seiner **X** Prinzessin. Als er bei einem Grillabend auf Christina traf, zögerte er nicht lange. »Ich setzte mich ziemlich bald neben sie und fragte sie nach ihrer Arbeit. Ich spürte rasch, dass wir uns sehr sympathisch waren.« Das drückte sich auch in der körperlichen Nähe zwischen ihnen aus, in den kleinen, scheinbar zufälligen Berührungen, die im Laufe des Abends immer mehr wurden.

Wie Eduard kann eigentlich fast jeder flirten. Völlig fremde Menschen im Supermarkt oder im Waschsalon anzusprechen ist dagegen nicht jedermanns Sache. Diese Form der Kontaktaufnahme ist deshalb für besonders selbstsichere Menschen gut geeignet. Der Rest, also die allermeisten Menschen, können sich aber ihrer Möglichkeiten des Flirtens bewusst werden und ihre Fähigkeiten hierin schulen. Denn bei jeder Kennenlernstrategie sind Blicke, Lächeln und Berührungen ein wichtiger Teil der Annäherung. Und schließlich lohnt es sich nicht nur bei der Partnersuche, sondern auch im tagtäglichen Umgang mit anderen, sich seiner Körpersprache bewusst zu sein. Denn auch im Alltag schicken wir Botschaften in die Welt.

5. Strategie: Schreiben und beantworten Sie Kontaktanzeigen

Viele Menschen haben Hemmungen, Kontaktanzeigen zu schreiben oder auf sie zu antworten. Sie meinen, dass sie es nicht nötig haben, auf diesem Weg einen Partner zu suchen. Dabei eröffnen sich gerade über Kontaktanzeigen ungeahnte Chancen.

Durch Kontaktanzeigen können Sie schnell Ihr Ziel erreichen, vor allem wenn Sie in einer Großstadt wohnen und im Alltag selten neue Menschen kennen lernen. Und für Schüchterne eignet sich diese Strategie ebenfalls!

Darüber hinaus sind Kontaktanzeigen ein gutes Mittel, um Ihre eigenen Ansprüche zu klären. Denn meist spüren Sie bei den ersten Telefonaten oder Treffen recht schnell, ob der andere in Betracht kommt. Das führt unweigerlich zu einer Auseinandersetzung mit Ihren Erwartungen, Wünschen und Zielen. Negativ ausgehende Treffen haben somit den positiven Effekt, dass Sie sich Ihrer Vorstellungen bewusster werden.

Damit Sie mit einer Kontaktanzeige Erfolg haben, sollten Sie einige wichtige Regeln kennen. Sie ersparen Ihnen viel Frust.

Die wichtigste Regel lautet: *Schreiben Sie nur (auf) aussagekräftige Anzeigen.* Der Anzeigentext ist der Filter zwischen Ihnen und den Männern oder Frauen, die Ihnen schreiben. Ist der Filter gut, dann treffen Sie problemlos auf interessante Menschen. Aus diesem Grund kommen Sie beim Kennenlernen über die Kontaktanzeige nur äußerst selten auf 100 Menschen, bevor Sie den passenden gefunden haben. Mit 20 oder 30 sollten Sie allerdings auch hier rechnen. Dazu müssen Sie allerdings wirklich wichtige Dinge aus Ihrem Leben in Ihren Text hineinschreiben. Auf diese Weise fischen Sie nicht im Trüben, sondern suchen gezielt nach dem Richtigen.

Bei der üblichen Kontaktanzeige hofft eine »attraktive Frau«, die sich »sowohl in Jeans als auch im Abendkleid wohl fühlt«, auf einen »humorvollen und einfühlsamen« Mann. Wie aufschlussreich! Haben Sie schon einmal von jemandem gehört, der sich als humorlos und unsensibel bezeichnet? Wohl nicht. Meiden Sie also alle Klischees. Schreiben Sie nicht auf Anzeigen, die von solchen Allgemeinplätzen wimmeln. Vermeiden Sie Leerformeln und Worthülsen wie »gut aussehend« und »attraktiv«. Sie gehören ebenso wenig in eine Erfolg versprechende Anzeige wie die Floskel »sucht einen liebevollen Partner«. Natürlich suchen Sie einen liebevollen Partner – was denn sonst?

Beispiel: Frank lebt seit eineinhalb Jahren getrennt von seiner Frau. Eine Partnerin über eine Kontaktanzeige suchen? Mit diesem Gedanken muss Frank sich erst anfreunden. »Als ich anfing, mich wieder für Frauen zu interessieren, habe ich bald gemerkt, dass meine Partnersuche ziemlich schwer werden würde«, sagt der 36-jährige Krankenpfleger. Seine Kolleginnen sind meist sehr junge Frauen. »Das reizt mich aber überhaupt nicht.« Für ihn steht fest: Er will eine Frau mit Lebenserfahrung. Außerdem ist das Kennenlernen für ihn auch eine Zeitfrage: »Ich habe einen großen Freundeskreis und einige Hobbys. Außerdem sind meine beiden Kinder an jedem zweiten Wochenende bei mir. Ich könnte vermutlich nicht mal einen Volkshochschulkurs einbauen, wenn ich überhaupt noch einen freien Abend haben möchte.«

Eines Tages sagte ein Freund zu ihm, er würde eine Kontaktanzeige schalten, sollte er mal eine Frau fürs Leben suchen. »Das hat eine Zeit lang in mir gearbeitet. Und nach einigen Wochen habe ich es dann einfach mal versucht.« Seine Erwartungen sind nicht hoch. »Ich dachte, dass die meisten Frauen, die solche Inserate schalten, eher zu den ›schwer Vermittelbaren‹ gehören. Das war aber nur zum Teil der Fall. Mit vier Frauen habe ich mich getroffen. Die ersten drei waren mir nicht sonderlich sympathisch. Aber dann traf ich mich mit Eva. Das erscheint mir heute noch wie ein Wunder.«

Ein Wunder? Nein. Wie Frank kommt Eva – sie ist Ärztin und Mutter einer dreijährigen Tochter – privat nur selten allein aus dem Haus. Und wie Frank schwante ihr, dass es eine Ewigkeit dauern könnte, bis sie auf den üblichen Wegen einen neuen Partner kennen lernen würde.

Werden Sie konkret

Frank war auch deshalb so schnell erfolgreich, weil er eine gelungene Anzeige aufgab. Was aber macht eine gute Kontaktanzeige eigentlich aus?

Werden Sie konkret. Beschreiben Sie so genau wie möglich, welche Vorlieben Sie haben. Schreiben Sie zum Beispiel nicht einfach, dass Sie gerne reisen. Wer sagt das nicht von sich? Formulieren Sie stattdessen konkret, welche Art Urlaub Sie besonders schätzen. Machen Sie gerne Trekking im Himalaja, einen

Strandurlaub auf Mallorca, aufregende Fernreisen nach Latein-
amerika oder einen beschaulichen Landurlaub in Brandenburg?
Solche Details aus Ihrem Leben sind aufschlussreicher, als der
bloße Hinweis darauf, dass Sie gerne verreisen.
Auch für die beliebte Formulierung »Interesse an Kultur« sagt
wenig aus. Welche Art Kultur spricht Sie denn besonders an?
Opern von Wagner, Free-Jazz-Konzerte in verrauchten Knei-
pen, Hollywoodfilme oder etwa experimentelles Tanztheater?
Sagen Sie in Ihrer Kontaktanzeige deutlich, was für ein
Mensch Sie sind. Damit erhöhen Sie Ihre Erfolgsaussichten.
Geben Sie etwas von sich preis. Sprechen Sie von Ihren Vorzü-
gen. Und warum nicht auch von Ihren »Eigenheiten«? Ehrlich-
keit hebt sich wohltuend ab vom Einheitsbrei der Inserate. Und
Sie sparen Zeit.

Vermeiden Sie es, zu viele Ansprüche an den anderen zu formulieren. Derlei Forderungskataloge schrecken unweigerlich
ab. Eindeutige Bedingungen aber sollten Sie schon kundtun. Es
ist vollkommen in Ordnung, dass Sie Ihre Angel genau nach
dem Typ Mann oder Frau auswerfen, den Sie haben wollen.
Wenn Sie sich also in den Kopf gesetzt haben, dass er Gedichte
schreiben sollte oder sie unbedingt rote Haare haben muss –
warum nicht? Fasziniert Sie Esoterik so sehr, dass Sie sich nicht
vorstellen können, mit jemandem zu leben, der sich keine Spur
für spirituelle Themen interessiert? Sie lieben Bücher von Sten-
dhal, die 3. Sinfonie von Beethoven und herbstliche Urlaube an
der Nordsee? Dann drücken Sie Ihre Leidenschaften in Ihrer
Anzeige aus. Suchen Sie einen Partner mit Therapieerfahrung?
Dann schreiben Sie auf Anzeigen, in denen Formulierungen wie
»mit Interesse an Psychologie« auftauchen. Wenn Sie Kinder
haben und noch mit ihnen zusammenleben, so sollten Sie das in
Ihrer Anzeige erwähnen. Dadurch ersparen Sie sich Zuschriften eingeschworener Familienmuffel.

Sie können sich eine solche Anzeige immer noch nicht vorstellen? Hier ist ein Beispiel aus einer Berliner Zeitung:

Ich mag Hüttenferien in Norwegen, Spaziergänge um den Schlachtensee, italienisch Kochen für Freunde, das Brücke-Museum, Filme in Originalfassung. Und vor allem mag ich (43) meinen Sohn (9).

Setzen Sie also auf Qualität statt auf Quantität. Zwar werden Frauen, die sich mit den Stichworten »gut aussehend« und »attraktiv« beschreiben, geradezu überschwemmt von Zuschriften, insbesondere von »seriösen Geschäftsmännern in den besten Jahren«. Durch diesen Berg an oft zweifelhaften Zuschriften müssen Sie sich aber auch hindurcharbeiten!

Wenn Sie eine aussagekräftige Anzeige formulieren, dann kann es Ihnen passieren, dass die Zahl Ihrer Zuschriften deutlich sinkt. Manche Frau bekommt statt 30 Briefen sogar nur noch drei. So ist es Monika ergangen: »Unter den vielen Zuschriften fand ich nie einen passenden. Und die vielen Treffen haben mich sehr angestrengt. Als es dann nur noch drei Briefe waren, war ich zunächst geschockt. Nur drei Briefe! Aber alle drei waren sehr nett. Und schon der zweite Mann passte wirklich zu mir.«

Ein guter Anzeigentext soll dafür sorgen, dass unpassende Männer oder Frauen Ihnen überhaupt nicht erst schreiben. Das spart Ihnen Zeit und Mühe. Was haben Sie schon davon, von einem eingeschworenen Opernmuffel eine Zuschrift zu bekommen, wenn Sie selber sogar schon bis Mailand gefahren sind, um eine besonders schöne Inszenierung von Verdis *La Traviata* zu sehen? Nichts!

Also – nur Mut! »Ich liebe Opern von Verdi« ist doch eine tolle Formulierung. Oder wie wäre es mit »Ich mag die Mailänder Scala«? Ein Opernmuffel wird Ihnen dann sicherlich nicht schreiben.

Ein guter Anzeigentext soll aber nicht nur die falschen Frauen und Männer abschrecken, er soll auch die richtigen anlocken. Wer Ihren Text liest, soll ganz begeistert sein und sagen:»So eine Frau habe ich gesucht!«,»So einen Mann habe ich gesucht!«

Wo können Sie inserieren?

Suchen Sie sich Zeitungen und Zeitschriften, die zu Ihnen passen. Es hat keinen Sinn, dass ein seriöser Geschäftsmann seine Frau fürs Leben in einem Szenemagazin sucht. Ebenso wenig sollten Sie in einer überregionalen Zeitung inserieren, wenn für Sie nur ein Mann in nächster Umgebung infrage kommt. Sind Sie Abonnent einer Tageszeitung, mit der Sie sich gut identifizieren können, dann dürfte das der ideale Ort für Ihre Anzeige sein.

Inserieren Sie nicht nur in kostenlosen Stadtillustrierten, sondern auch in der seriösen Tagespresse. Das kostet Sie zwar Geld, bringt Ihnen häufig aber wesentlich interessantere Zuschriften ein. Außerdem steigt damit die Wahrscheinlichkeit, Antworten von Lesern zu erhalten, die eine feste Beziehung und nicht nur ein Techtelmechtel suchen.

Sollen es Bildzuschriften sein?

Das Aussehen eines potenziellen Partners ist für jeden Menschen ein wichtiges Kriterium bei seiner Wahl. Insofern ist der Wunsch nach einer Bildzuschrift (BmB = Bitte mit Bild) durchaus verständlich. Aber fast alle mir bekannten Paare, die über Kontaktanzeigen zu einer langjährigen Beziehung fanden, haben keine Bildzuschriften gefordert. Es scheint so zu sein, dass die nachdenklicheren und interessanteren Menschen eher ohne eine Aufforderung zu einer Bildzuschrift inserieren, weil sie der Oberflächlichkeit des mitgeschickten Fotos nicht trauen.

Wie antworten Sie auf eine Kontaktanzeige?

Wenn Sie gerne auf Inserate antworten wollen, dann kaufen Sie vorher bitte ein ansprechendes Briefpapier. Nehmen Sie sich Zeit, um einen passenden Brief zu formulieren. Einheitsbriefe, die zu jedem oder zu jeder passen, haben keine Chancen beachtet zu werden – aus gutem Grund. Eine passende Anzeige zu formulieren macht Mühe. Wer das tut, der erwartet, dass sich die Zuschriften auch auf die Anzeige beziehen. Gehen Sie also auf den Text des Inserats ein. Schreiben Sie nicht zu viel, Lebensbeichten sind unerwünscht. Formulieren Sie stattdessen einige lockere, aber nicht oberflächliche Zeilen – und lassen Sie Ihren Briefentwurf noch einige Tage ruhen, damit er als Nachzügler die nötige Aufmerksamkeit erregt. Und dann schreiben Sie Ihren Brief – mit der Hand. Das ist persönlicher und erhöht Ihre Chancen auf einen Anruf deutlich. Computerausdrucke haben immer den Anschein eines Serienbriefes und wirken deshalb beliebig.

Wie treffen Sie die richtige Auswahl?

Verabredungen aufgrund von Kontaktanzeigen können aus den unterschiedlichsten Gründen herb enttäuschen. Um so ratsamer ist eine umsichtige Vorauswahl. Behandeln Sie Zuschriften getrost wählerisch. Sortieren Sie alle aus, die Sie nicht unmittelbar ansprechen. Der erste Eindruck ist in aller Regel richtig. Nehmen Sie die Zuschriften genau unter die Lupe. Studieren Sie die interessanten Antworten ein zweites Mal und sortieren Sie sie nach dem Grad Ihres Interesses. Sie können zum Beispiel zwei Stapel machen. Auf den ersten kommen die Zuschriften, die Sie am meisten begeistern. Auf den zweiten die, die Sie auch interessant finden. Machen Sie keine Kompromisse: Ziehen Sie für ein Telefonat nur jene Zuschriften in Betracht, die Sie mit Kopf und Bauch ansprechen. Das ist eine wichtige Erfahrung, die ich in der Beratung oft mache: Anfängliche Vorbehalte bestätigen sich später beinahe immer.

Was tun beim ersten Telefonat?

Sie haben Ihre Kontaktanzeige aufgegeben, Zuschriften erhalten und sortiert? Schön. Nun müssen Sie zum Telefon greifen – aber bitte mit Bedacht. Notieren Sie sich vorher, was Sie auskundschaften möchten. Bedenken Sie, dass manche schon am Telefon möglichst viel über den anderen erfahren, andere hingegen sich lieber kurz fassen und rasch verabreden wollen. In der Regel merken Sie sehr schnell, ob Ihnen jemand sympathisch ist oder nicht; manchmal genügt bereits die Ansage auf dem Anrufbeantworter.

Es empfiehlt sich in jedem Fall – auch wenn Ihr erster Eindruck positiv ist – das Telefonat kurz zu halten. Sie möchten ja nur feststellen, ob Ihnen der andere sympathisch ist. Den Rest müssen Sie schon bei einer persönlichen Begegnung herausfinden. Sagt der Gesprächspartner Ihnen zu, dann schlagen Sie ein Treffen vor.

Verabreden Sie sich aber nicht, wenn das Telefonat Ihnen ein ungutes Gefühl vermittelt. Sagen Sie klar, dass Sie sich nicht treffen wollen. Verbinden Sie Ihre Entscheidung aber nicht mit einer persönlichen Kritik. Sie sind nicht interessiert. Das ist Ihre Entscheidung, die Sie nicht begründen müssen und sollten. Andernfalls fühlt Ihr Gegenüber sich womöglich verletzt, und das ist ebenso unangenehm wie unangebracht.

Sachliche Gründe, die für Sie gegen einen weiteren Kontakt sprechen, dürfen Sie durchaus vorbringen. Haben Sie im Laufe des Telefonats zum Beispiel erfahren, dass der Mann Kettenraucher ist, Sie wollen aber allenfalls einen Gelegenheitsraucher als Partner akzeptieren, dann können Sie sagen: »Tut mir Leid, aber ein starker Raucher kommt für mich als Partner nicht in Frage.«

Solche Ablehnungen sind stets leichter zu verdauen, wenn sie mit einem Kompliment einhergehen. Empfanden Sie das Gespräch, obwohl Sie sich nicht treffen wollen, tatsächlich als nett, dann sagen Sie dies getrost. Aber Sie können sich auch einfach nur für das Gespräch bedanken und dem anderen Glück für seine Partnersuche wünschen. Eindeutige Absagen sind keine Unhöflichkeit, sondern im Gegenteil ein Gebot der Fairness. Lange Telefonate oder gar Treffen mit jemandem, an dem Ihnen nichts liegt, wecken nur falsche Hoffnungen.

Das erste Treffen

Das erste Aufeinandertreffen von zwei Menschen, die ernsthaft nach einem Lebenspartner suchen, ist immer spannend. Verkrampfen Sie sich nicht. Gehen Sie *nicht* davon aus, heute Abend Ihren Traummann, Ihre Traumfrau kennenzulernen. Wer mit dieser Erwartungshaltung losgeht, ist oft fürchterlich nervös und nachher in aller Regel enttäuscht.

Tipp: Sagen Sie sich »Heute lerne ich einen interessanten Menschen kennen.« Mehr nicht. Wenn Sie so an eine solche Verabredung herangehen, dann sind Sie entspannter. Hängen Sie auf diese Weise Ihre Ansprüche bewusst niedrig. Freuen Sie sich jedes Mal, dass Sie jemanden kennen lernen können, der Single ist, so wie Sie. Freuen Sie sich, dass dem anderen Ihre Anzeige gefallen hat. Freuen Sie sich darauf, einen interessanten Abend zu verbringen.

Das erste Treffen hat nur einen einzigen Zweck: Sie sollen herausfinden, ob Sie diesen Menschen gerne wiedersehen wollen – mehr nicht. Sie sollen sich nicht verlieben. Sie brauchen auch nicht zu entscheiden, ob der andere als Lebenspartner infrage kommt. Woher bitteschön sollen Sie so etwas nach einem einzigen Treffen wissen!

Beschränken Sie das erste Treffen auf ein bis höchstens zwei Stunden. Das reicht völlig, um einen Eindruck vom anderen zu bekommen und um zu klären, ob Sie diesen Menschen gerne wiedersehen möchten. Stellen Sie von vornherein klar, dass Sie nicht mehr Zeit haben. Schlagen Sie zum Beispiel ein Nachmittagstreffen in einem Café vor.

Ein solch knappes Zeitmanagement ist wichtig, um nicht nach einiger Zeit völlig frustriert zu sein von den vielen anstrengenden Treffen. Außerdem schonen Sie so Ihren Gefühlshaushalt. Verabredungen, die sich als unerquicklich herausstellen, können die Nerven nämlich gehörig strapazieren. Finden Sie sich hingegen besonders sympathisch, so werden Sie ohnehin bald einen Abend gemeinsam verbringen.

Widerstehen Sie allerdings der Versuchung, sich möglichst bald erneut zu sehen. Lassen Sie ruhig fünf Tage oder eine

Woche bis zum nächsten Treffen verstreichen. So haben Sie Zeit zum Nachdenken – und der andere auch.

Sehr geeignet für das zweite Treffen sind Verabredungen zum Essen, aber auch Spaziergänge oder Besuche von Ausstellungen. Wichtig ist, dass Sie genug Zeit zum Reden haben.

Wichtig bei all dem ist, dass Sie sowohl als Frau als auch als Mann auf Ihre Sicherheit achten. Sie treffen bei dieser Kennenlernstrategie auf einen völlig fremden Menschen. Das muss Sie nicht in Panik versetzen. Aber ein Fremder ist nun mal ein Fremder. Die ersten Treffen sollten deshalb grundsätzlich im öffentlichen Raum stattfinden, in einem Café, in einem Restaurant oder bei einem Spaziergang in einem belebten Park – niemals aber privat. Besonders für Frauen gilt: Steigen Sie beim ersten Treffen nicht in sein Auto.

6. Strategie: Surfen Sie im Internet – aber richtig

Das Internet ist heute für die Partnersuche ein wichtiges und interessantes Medium. In manchen Untersuchungen steht die Suche über das Netz bereits an dritter Stelle der Möglichkeiten, wo Menschen einen Partner fürs Leben finden – nach der Arbeit und dem Freundeskreis. Erfolgsgeschichten, bei denen ein Paar sich über eine Partnerbörse im Internet kennenlernt, gibt es mittlerweile unzählige. Auch ich kann Ihnen von solch einem Fall berichten.

Beispiel: »Ich habe eine Partnerseite von einer Freundin empfohlen bekommen«, erzählt Nicola. »Doch ehrlich gesagt habe ich mir nicht viel davon versprochen.« Die 43-jährige Kunstmalerin war am Ende positiv überrascht. »Ich dachte wirklich, dass es für mich in meinem Alter und bei meinen Interessen keine passenden Männer mehr gibt.« Doch weit gefehlt. Nicola beantwortete zahlreiche Fragen. Der Computer verglich ihre Angaben mit denen von Männern, die bereits angemeldet waren, und schlug ihr »Passende« als Kontakte vor. »Auf der Liste, die ich bekam, standen sage und schreibe 60 Männer!«, erzählt Nicola mit strahlenden Augen. Das Gefühl, dass für sie allenfalls ein Mängelexemplar zu finden sei, war schlagartig verflogen. »Als ich diese lange Liste sah, war mir klar: Ich habe genug Auswahl. Und ich kann ruhig wählerisch sein.«

Nicola wurde umgekehrt auch den infrage kommenden Männern vorgeschlagen und bekam prompt einige E-Mails zugeschickt. Sie verabredete sich und flirtete. »Als ich mich mit dem 19. Mann getroffen habe, dachte ich: ›Das könnte er sein.‹« Und er war es.

Partnersuche kostet Zeit

Nicola war beinahe drei Jahre Single, bis sie bemerkte, dass sie kaum Männer kennen lernte. Dann wurde sie aktiv. Ihren 19. Mann traf sie, als sie bereits sieben Monate aktiv auf der Suche war. Dass der 19. Mann der richtige war, war reiner Zufall. Es hätte auch der 29. oder gar der 39. sein können. Ihre Suche hätte dann sehr viel länger gedauert. Diesen Aufwand bei der Partnersuche unterschlagen Erfolgsberichte in der Presse gerne. Doch die wichtigste Regel für die Suche im Internet lautet: Partnersuche kostet Zeit.

Diese Regel gilt natürlich auch für andere Strategien zum Kennenlernen. Sie gilt für die Kontaktanzeige und für den Besuch von Festen. Andere Menschen kennen zu lernen kostet Zeit und die müssen Sie sich nehmen, wenn Sie am Ende sagen wollen: »Ich habe ihn gefunden! Ich habe sie gefunden!«

So war es im Übrigen auch schon ehedem, in den guten alten Zeiten. Auch Rapunzel hat es sehr viel Zeit gekostet, bis sie endlich am Ziel war und ihr Wunsch nach einem Lebenspartner sich erfüllte. Sie hat die Initiative ergriffen, gesungen und sie hat viele, viele Gespräche geführt. Manchmal war ihr schon nach wenigen Minuten klar, dass der Mann nicht zu ihr passte. Trotzdem dauerte manches Gespräch doch recht lange – sie wollte ja nicht unhöflich sein. Außerdem war sie neugierig auf andere Menschen, auch wenn sie nicht zu ihr passten. Und schließlich: Sie hatte ja Zeit.

Diese Zeit aber fehlt heute vielen Menschen. »Mein Arbeitstag ist so anstrengend und dann soll ich mich am Abend noch mit einem wildfremden Menschen treffen. Ich schaffe das nicht.« Solche Aussagen höre ich immer wieder. Zum Teil hat das sicher auch damit zu tun, dass die meisten Menschen sich nach wie vor wünschen, dass der Zufall Ihnen zu einer Partnerschaft verhilft. Sie sperren sich innerlich dagegen, dem Glück aktiv auf die Sprünge zu helfen.

Doch manch einer ist tatsächlich beruflich so sehr eingespannt, dass er abends, am Ende eines anstrengenden Arbeitstages, nicht auch noch eine zweite Schicht einlegen will mit einer nervigen Verabredung. Ist Ihre Arbeit auch oft so fordernd, dass Sie keine Energie für die Suche haben? Dann sollten Sie sich Zeitfenster für die Partnersuche schaffen, in denen die berufliche Belastung geringer ist. Die amerikanische Partnerschaftsexpertin Susan Page erzählt in ihrem wunderbaren Buch *Single bleiben? Ohne mich!* von einer Lehrerin, die ihre gesamten Sommerferien für die Partnersuche reservierte, weil sie sich in der Unterrichtszeit davon überfordert fühlte.

Wie lange Ihre Partnersuche am Ende dauern wird, das haben Sie leider nicht allein in der Hand. Es hängt auch davon ab, wo Sie wohnen. In einem Großraum wie Hamburg oder im Ruhrgebiet findet sich erheblich einfacher ein passender Partner als in einem dünn besiedelten Flächenland wie Mecklenburg-Vorpommern. Wenn Sie dort wohnen, kann es Ihnen passieren, dass selbst ein so mitgliederstarker Anbieter wie *parship* über Monate keinen Partnervorschlag in ihrer Nähe unterbreiten kann. Alle fraglichen Kandidaten wohnen in Freiburg, Nürnberg oder Köln – und Sie haben das Nachsehen. Oder um im Bild von *Rapunzel* zu bleiben: Ihr Turm steht leider nicht in Hörweite einer regen Handelsstraße, sondern nur unweit eines Pfades, der selten genutzt wird. Ich rate in dem Fall zu einem langen Atem. Auch selten begangene Pfade *werden* genutzt. Immer wieder werden Menschen aufs Neue Single, jährlich mehrere Millionen. Immer wieder beschließen Menschen, nach einer gewissen Zeit ihr Singlesein zu beenden und gehen wieder auf die Suche. Große Singlebörsen verzeichnen täglich viele neue Mitglieder.

Tipp: Bleiben Sie am Ball. Auch wenn über Monate kein Kandidat in Ihrer Region auftaucht. Glauben Sie mir: Schon morgen kann es passieren. Manche Singlebörsen geben außerdem eine sogenannte Kontaktgarantie. Sie gewährleistet, dass Sie für die weitere Nutzung einer Singlebörse nur dann auch bezahlen müssen, wenn es in der Vergangenheit überhaupt zu einer bestimmten Anzahl von Treffen gekommen ist. Klingt doch fair, oder? Erkundigen Sie sich danach. Oft kann die Mitgliedschaft immer wieder umsonst verlängert werden, wenn sich bislang niemand gefunden hat, mit dem Sie sich zumindest einmal getroffen haben •

Klären Sie Ihren Aktionsradius

Das Internet vermag es, Menschen zueinander zu führen, die viele Hunderte, ja Tausende von Kilometer entfernt voneinander wohnen und arbeiten. Doch wollen Sie ernsthaft einen Lebenspartner, der auf Rügen wohnt, während Sie selber aber in Garmisch-Partenkirchen leben? Wären Sie, wenn Sie sich verlieben, auch zu einem Umzug bereit? Manche Ratgeber zur Partnersuche im Internet schwärmen davon. Sie raten zu einem möglichst großen Aktionsradius. Ich bin da skeptischer. Die meisten Menschen sind nicht so einfach zu verpflanzen. Sie haben, da wo sie leben, einen sicheren Arbeitsplatz, einen festen Freundeskreis oder ein Häuschen mit Garten.

Klären Sie also Ihren Aktionsradius. Nichts spricht dagegen, wenn Sie flexibel sind und für die Liebe auch ans andere Ende der Republik ziehen würden – oder sogar ins Ausland. Da Ihr Radius sehr groß ist, wird es Ihnen leichter fallen, passende Männer oder Frauen zu finden. Wenn Sie aber in der Gegend bleiben wollen, in der Sie jetzt leben, dann sollten Sie die verlockenden Angebote von anderswo nicht beachten. Ich rate in der Regel zu einem Umkreis von etwa 50 Kilometern. Das ist eine Entfernung, die heute leicht zu überbrücken ist. Und es ist eine Entfernung, die es möglich macht, den Arbeitsplatz und den Freundeskreis zu behalten, auch wenn Sie der Liebe zuliebe umziehen sollten.

Partnersuche kostet Geld

Das Internet ist für viele Menschen mittlerweile die ultimative Möglichkeit bei der Partnersuche. Es führt sie – wenn alles gut geht – mit interessanten und an einer langfristigen Bindung interessierten Menschen zusammen, die sie sonst nicht kennen lernen würden. Doch es kann auch ganz anders kommen. Nicht jeder macht positive Erfahrungen im Internet. Mancher ist nach einiger Zeit sogar völlig frustriert.

Beispiel: »Mit dem Internet bin ich fertig«, sagt Claudia und ✗ zieht ihre Stirn in Falten. Sie hat bei einer bekannten »Partnerbörse« ein sogenanntes Profil von sich ausgefüllt – und schon kamen die E-Mails von Interessenten. »Doch was für welche!«, sagt sie zornig. Ehemänner auf der Suche nach einem Seitensprung. Männer, die ihr über Wochen und Monate anzügliche Briefe schrieben, obwohl sie ihnen deutlich gemacht hat, dass sie das nicht wünscht. »Von wegen Partnerschaft – den meisten Männern ging es nur um Sex«, klagt Claudia.

Der Aufwand für Claudias Suche im Internet war groß. Neun Monate lang hat sie täglich ihre E-Mails durchgesehen, hat fleißig Antworten geschrieben, hat sich geärgert oder gefreut. Das Ergebnis: Sie hat nicht einen einzigen wirklich interessanten Mann kennen gelernt. »Immerhin war die Partnerbörse umsonst«, sagt sie mit enttäuschter Stimme.

Doch genau da liegt das Problem. Wer bei einer Partnerbörse sucht, die umsonst ist oder nur sehr wenig kostet, der trifft auf Menschen, für die das Suchen nach potenziellen Partnern eher ein amüsanter Zeitvertreib ist – mehr nicht. Wenn Sie ernsthaft auf der Suche nach einem Partner sind, sollten Sie kostenlose Angebote meiden. Auch bei Billiganbietern werden Sie nicht viel Freude haben. Wenn Sie eine Singlebörse wählen, die 5 Euro im Monat kostet, dann sparen Sie zwar Geld, lassen dafür aber viel Nerven, denn bei solchen Singlebörsen treffen Sie auf Menschen, die nicht mehr als 5 Euro für die Partnersuche ausgeben wollen.

→ **Tipp:** Investieren Sie lieber 20 bis 40 Euro im Monat, die Sie als Gebühr bei einem seriösen Partnerdienst bezahlen müssen – das ist gut angelegtes Geld. Hier ist die Zahl der Flirter, Dater und an Seitensprüngen Interessierten erfahrungsgemäß am geringsten – und die Zahl der ernsthaft Suchenden am größten. Wer nur auf Flirten und schnellen Sex aus ist, der scheut diese Ausgabe in der Regel. Wer dagegen ernsthaft nach dem Partner fürs Leben sucht, der gibt auch etwas Geld dafür aus ●

Welchen Anbieter soll ich wählen?

Den besten Überblick über die Partnersuche im Internet bekommen Sie unter singleboersen-vergleich.de. Eine vergleichbare Seite gibt es auch für Österreich (singleboersen-vergleich. at) und für die Schweiz (singleboersen-vergleich.ch). Dort werden hunderte von kommerziellen und nicht-kommerziellen Anbietern vorgestellt. Sie erfahren, wie viele Mitglieder Sie dort antreffen werden, wie gut der Service ist und was es kostet. Sie können nachlesen, für welche Altersgruppe eine Singlebörse geeignet ist und ob sie auch Veranstaltungen organisiert, bei denen Sie andere Singles persönlich kennen lernen können. Und Sie sehen anhand der Anzahl der Sterne, die eine Partnerbörse hat, wie gut sie ist.

Nicola hat ihren Lebenspartner über *parship* kennengelernt. *Parship* ist einer der größten Anbieter für die ernsthafte Suche im Netz und hat bei singleboersen-vergleich.de fünf Sterne. Das ist die Bestnote. Bei Anbietern wie *parship*, *elitepartner* oder auch *Der Zweite Frühling* durchlaufen Sie zunächst einen umfangreichen, psychologisch fundierten Test. Dann sucht der Computer nach passenden Partnerinnen oder Partnern und schlägt sie Ihnen vor. Natürlich weiß der Computer nicht wirklich, wer zu Ihnen passt. Er registriert Ähnlichkeiten und Übereinstimmungen, mehr nicht. Ob die vorgeschlagenen Kandidaten die richtigen sind, das können nur Sie selber herausfinden. Denn jetzt sind Sie am Zuge. Sie können sich die Profile der Männer oder Frauen anschauen, die Ihnen vorgeschlagen werden. Sie können Ihnen auch eine Nachricht senden. Sie können Ihr Foto für Neugierige frei schalten und sich Ihrerseits frei geschaltete Bilder ansehen. Und Sie können, wenn ein solcher E-Mail-Kontakt nett verläuft, ein Treffen vorschlagen.

Mit ihren psychologischen Tests gelten *parship* und *elitepartner* als Partnervermittlungen. Daneben finden Sie im Internet aber auch Singlebörsen, bei denen Sie selber interessante Singles finden müssen. Sie geben die Region ein, in der Sie suchen. Sie geben das Alter ein. Und dann schauen Sie sich die Profile an und fragen sich »Wer passt zu mir«? Auf diese Weise arbeiten Anbieter wie *dating-cafe*, *friendscout24* und *meetic*. Leider fragen sich bei dieser Art der Suche viele schon bald nicht mehr, wer zu ihnen passt. Die Profile enthalten nämlich fast immer auch ein Foto, was viele Suchenden dazu verleitet, wie in einem Warenhauskatalog zu blättern und sich zu fragen: »Wer sieht am besten aus?«

Von der Regel, dass seriöse Partnersuche im Internet Geld kostet, gibt es auch Ausnahmen. Das werden Sie schnell feststellen, wenn Sie sich bei singleboersen-vergleich.de ein wenig umschauen. Neben den großen, kommerziellen Anbietern mit ihren Hunderttausenden oder gar Millionen von Mitgliedern finden Sie dort auch eine Fülle an Hinweisen auf spezielle Singlebörsen für besondere Gruppen, die sehr preiswert sind oder gar umsonst. So gibt es zum Beispiel eine eigene Adresse für besonders große Menschen (grosseleute.de). Es gibt eine Seite für Landwirte (landflirt.de). Es gibt eine ganze Reihe von religiösen Singlebörsen. Und es gibt mehrere Partnerbörsen für allein erziehende Mütter und Väter. Welche Vor- und Nachteile diese Börsen haben, das können Sie bei singleboersen-vergleich.de problemlos und schnell herausfinden.

Rechnen Sie mit schlechten Erfahrungen – und steuern Sie gegen

Nicht alle Erfahrungen mit der Partnersuche im Internet sind angenehm, das will ich Ihnen nicht verhehlen. Der nette, kinderlose Single, mit dem Sie sich treffen, erklärt Ihnen beim zweiten Treffen, dass er *wegen des Kindes* noch bei seiner Freundin wohnt. Die Beziehung ist selbstverständlich *schon lange völlig am Ende*. Der nächste Mann erzählt Ihnen bereits nach fünf Minuten, dass er nur eine Zweitfrau sucht. Er will Gelegenheitssex, mehr nicht. Der dritte hat die spritzigsten E-Mails geschrieben, die Sie je bekommen haben, aber erst will er sich nicht mit Ihnen treffen und als Sie sich dann doch gegenüber sitzen, bekommt er die Zähne nicht auseinander und reagiert auf Fragen mit Ein-Wort-Sätzen, die in der Regel *Ja* oder *Nein* lauten. In Ihre Augen traut er sich dabei nicht zu schauen.

Es gibt eine Reihe von Gründen dafür, mit schlechten Erfahrungen bei der Suche im Internet zumindest zu rechnen. Ich will Ihnen diese Gründe kurz erläutern und auch die möglichen Gegenstrategien aufzeigen.

Seitenspringer

Das Internet lockt alle an, die über wenig Zeit verfügen. Und das sind eben außer den interessanten Vielarbeitern auch Ehemänner und Familienväter, die keine andere Gelegenheit zu einem Seitensprung haben. So weit, so gut. Warum aber klicken die nicht die Seite seitensprung.de an? Warum melden sie sich bei einer seriösen Partnerbörse und verschwenden dort *Ihre* Zeit und *Ihr* Geld? Frauen sollten solch ein ungehobeltes Verhalten in keinem Fall tolerieren. Es ist eine Frechheit, wenn ein angeblicher Single-Mann per E-Mail mit Ihnen flirtet, sie zu einer Verabredung lotst und dann kundtut, dass er Sie als seine Geliebte ausersehen hat.

Tipp: Bestellen Sie umgehend, zusätzlich zum Cappucchino, *ein extra großes* Glas Mineralwasser. Sobald das Glas da ist, sagen Sie dem Herrn, dass sein Verhalten völlig inakzeptabel ist und schütten das Mineralwasser über seinen Kopf. Dann gehen Sie gruß- und wortlos, ohne sich noch einmal umzudrehen. Dem Kellner sagen Sie »Der Herr bezahlt« und verschwinden.

Sollte der Mann auf den Sie treffen besonders frech und unangenehm sein, dann können Sie meinetwegen auch ein großes Bier bestellen. Ist er grob unhöflich und anmaßend, dann dürfen Sie auch die exzellente Tomatencremesuppe ordern, die der Küchenchef gerade an diesem Tag anbietet. Sie lassen sie ein wenig abkühlen – Sie wollen ja keine Anzeige wegen Körperverletzung riskieren – und greifen dann beherzt zum Tellerrand. Auf diese Weise hat er zumindest zu Hause einiges zu erklären •

Nicht jeder Seitenspringer rückt mit seinem Anliegen einfach offen heraus. Mancher Mann verabredet sich mit Ihnen und erzählt kein Wort von Frau und Kindern. Was können sie also tun, um sicherzustellen, dass Sie nicht als Zweit- oder Drittfrau in seiner Sammlung vorgesehen sind?

Lassen Sie sich beim Kennenlernen Zeit. Wenn Sie auf einen Mann treffen, der Ihnen schon bald sehnsuchtsvoll in die Augen schaut und allerhand Komplimente über Ihre schönen Augen macht – dann ist die Wahrscheinlichkeit außerordentlich groß, dass Sie gerade mit einem verheirateten Mann mit zwei Kindern am Tisch sitzen.

Wer Ihnen bei einem Treffen schon nach zwei Stunden tief in die Augen schaut und so tut, als sei er bereits frisch verliebt, der will vor allem eins: Schnell mit Ihnen ins Bett. Sie aber sind anders. Sie wissen, dass die Liebe Zeit braucht, um sich zu entwickeln. Und weil Sie das wissen, fallen Sie auf dieses Spiel nicht herein.

Machen Sie außerdem unbedingt den Wochenendtest. Legen Sie spätestens das zweite Treffen auf ein Wochenende. Manche angeblichen Single-Männer haben grundsätzlich am Wochenende in der Zeit von Freitag 18 Uhr bis Sonntag 18 Uhr keine Zeit für Sie. Sie verabreden sich nicht. Sie sind auch telefonisch in dieser Zeit nicht zu erreichen. Das liegt daran, dass sie verheiratete Familienväter sind, die in einer anderen Stadt arbeiten und am Wochenende bei ihrer Familie sind.

Sexomanen

Im Internet tummeln sich besonders gerne Sexomanen. Auch hier ist es wieder die Anonymität des Mediums, die sie anzieht. Deshalb kann es Ihnen als Frau im Internet bei einigen Partnerbörsen passieren, dass Sie schon nach dem ersten E-Mail-Kontakt mit einem Mann, der angeblich auf der Suche nach der

Frau fürs Leben ist, eine detaillierte Beschreibung der von ihm bevorzugten Sexualpraktiken erhalten – nebst Ganzkörperfoto und einem Termin, wann er Sie in seiner Wohnung zum ersten Treffen erwartet.

> *Tipp:* Sie sollten sich durch solche Erlebnisse nicht Ihre gute Laune verderben lassen. Das ist er nicht wert. Es gibt seltsame Menschen. Einen davon haben Sie gerade bestaunen dürfen – auf seinem Ganzkörperfoto. Klicken Sie den Herrn auf der Stelle weg und wechseln Sie den Anbieter. Bei guten Anbietern passiert so etwas nicht ●

Sozial gehemmte Menschen

Sozial gehemmte Menschen sind im realen Leben so schüchtern, dass es Ihnen schwerfällt mit einer Frau oder einem Mann überhaupt zu reden. Sie können Ihnen auch nicht in die Augen schauen. Das Problem: Sozial gehemmte Menschen lieben das Internet.

Das Internet ist anonym und verleitet deshalb zum Lügen. Jeder kann hier so tun, als wäre er erstens Single, zweitens bindungsbereit, drittens der Zwillingsbruder von Adonis und viertens so amüsant wie George Clooney. Die Überprüfung all dessen erfolgt später. Und deshalb kommt es beim Kennenlernen über das Internet später so oft zu herben Enttäuschungen. Die Wissenschaft geht davon aus, dass Sie es im Internet mit etwa 20 Prozent sozial gehemmten Menschen zu tun bekommen.

Ich habe keine Vorurteile gegen Menschen, die nicht so kommunikativ sind, wie andere. Im Gegenteil: Ich berate sie ausgesprochen gerne. Das Problem ist, dass diese Menschen im Schutz der Anonymität einen völlig anderen Eindruck erwecken. Sie sind nicht sie selbst, sondern spielen eine Rolle. In der Realität werden Sie von Ihnen deshalb immer enttäuscht sein.

→ **Tipp:** Achten Sie auf sehr lange E-Mails, sie sind ein Kennzeichen von sozial gehemmten Menschen. Treffen Sie sich möglichst bald •

Sechs goldene Regeln für das Flirten im Internet

1. Vermeiden Sie lange E-Mails. Schreiben Sie einige nette Sätze. Erzählen Sie nicht zu ausführlich und schon gar keine sehr persönlichen Dinge. Wie und warum Ihre letzte Beziehung zerbrach, das geht keine Frau und keinen Mann etwas an – es sei denn, sie hätten bei einigen netten Treffen Gefallen aneinander gefunden. Achten Sie auch darauf, wie lang die Antworten Ihrer E-Mail-Partner sind. Wer auf eine pfiffige E-Mail von drei Sätzen mit einer langen Epistel antwortet, in der er Ihnen ausführlich sein widriges Leben schildert, der ist für eine Partnerschaft in der Regel nicht zu haben. Er will sich nur aussprechen. Treffen wollen sich diese Männer und Frauen nicht. Sie leiden wohl nur unter starken Einsamkeitsgefühlen.

2. Vermeiden Sie lange E-Mail-Flirts. Nach etwa drei E-Mails, die hin- und hergegangen sind, wird es immer unwahrscheinlicher, dass es zu einem Treffen kommt. Schlägt Ihr E-Mail-Partner kein Treffen vor, dann machen Sie es. Geht er darauf nicht ein, dann will er sich nur aussprechen oder ist aus irgendeinem anderen Grund an einem Treffen nicht interessiert.

3. *Verlieben Sie sich nicht aufgrund von E-Mails.* Die Gefahr hochgesteckter Erwartungen ist beim Kennenlernen im Internet außerordentlich groß. Ein Mensch kann sich in einer E-Mail ganz anders darstellen, als er in Wirklichkeit ist, Sie wissen es bereits. Vermeiden Sie deshalb lange E-Mail-Affären. Ob Sie jemanden sympathisch finden oder nicht, entscheidet sich bei einer Begegnung innerhalb von Sekunden: Die Stimme, der Gesichtsausdruck, die Hände, die Körperhaltung – all das gefällt uns oder es gefällt uns nicht.

4. *Treffen Sie sich so schnell wie möglich.* Machen Sie sich durch ein persönliches Treffen ein Bild von Ihrem Gegenüber. Schlagen Sie eine Verabredung vor. Haben Sie dabei keine Angst vor Ablehnungen. Wer sich nicht persönlich mit Ihnen treffen will, der wird seine Gründe haben; meist steckt dahinter Angst vor Nähe. Doch wer nicht einmal den Mut aufbringt, sich mit Ihnen zu einem Kaffee zu verabreden, der kommt für eine Partnerschaft ja wohl nicht in Frage.

5. *Fahren Sie nicht nach Wuppertal.* Elvira lebt in Osnabrück, Bernhard in Wuppertal. Beide haben sich über eine Partnerbörse kennengelernt und wollen sich gerne treffen. Aber wo? Die modernen Zeiten bringen eben auch moderne Probleme mit sich. Bernhard schlägt vor: »Dieses Wochenende kommst du zu mir und nächste Woche besuche ich dich.« Das Telefonat mit Bernhard war supernett. Was soll Elvira jetzt tun? Soll sie auf Bernhards Angebot eingehen und nach Wuppertal fahren?

Eindeutig: Nein. Warum? Weil Bernds Angebot unhöflich und unseriös ist. Er will nicht nach Osnabrück fahren – warum eigentlich? Er will sich auch nicht auf halber Strecke mit Elvira treffen, etwa in Münster, um mit ihr einen Spaziergang um den schönen Aasee zu machen – warum nicht? Bernhard verstößt mit seinem Verhalten gegen die Regeln der Höflichkeit, die nach wie vor von einem Mann verlangen, dass er sich zumindest in einigen Punkten um eine Frau bemüht. Und dazu gehört, dass er zumindest bis Münster fährt, besser noch bis Osnabrück. »Ach, was sollen diese alten Zöpfe!«, sagen junge Frauen manchmal zu dieser Regel. »Ich bin emanzipiert. Wenn ich will, dann fahre ich bis nach Timbuktu.« Ich habe nichts dagegen, dass Sie bis ins ferne Timbuktu fahren, um einen Traummann kennen zu lernen. Ich frage mich nur, aus welchem Grund *er* keine Veranlassung sieht, die Reisekosten und die Reisestrapazen auf sich zu nehmen. Warum lässt er *Sie* stattdessen fahren?

Außerdem sorge ich mich um Elvira, wenn es tatsächlich zu einer Beziehung mit Bernhard kommt. Wenn die beiden ein Paar werden, dann wird er sich immer wieder so benehmen, wie schon am Anfang beim Kennenlernen. Menschen sind sich unendlich treu in ihrem Verhalten. Sie ändern sich höchst ungern. Bernhard wird auch in einer Partnerschaft erwarten, dass Elvira ihm sehr weit entgegenkommt. Er selber aber will es vor allem sehr, sehr bequem haben.

Sein Versprechen, am Wochenende darauf zu ihr zu kommen, macht es nicht besser – im Gegenteil. Es ist sehr wahrscheinlich, dass Elvira und Bernhard nicht zueinander passen. Es ist auch sehr wahrscheinlich, dass die beiden das bereits beim ersten Aufeinandertreffen bemerken werden. Das ist nun mal der Normalfall, wenn zwei Menschen sich kennen lernen. Trotzdem stellt Bernhard Elvira bereits ein zweites Treffen in Aussicht. Damit macht er ein unseriöses Versprechen. Er ist nicht redlich. Um das zu bekommen, was er will – *sie* soll zu *ihm* fahren – ist Bernhard zu unredlichen Versprechungen bereit. Wiederum gilt: In gleicher Weise wird er sich auch als Partner verhalten.

6. *Sicherheitsregeln:* Bei der Partnersuche über das Internet gelten dieselben Sicherheitsregeln, die Sie bereits vom Kennenlernen über Kontaktanzeigen kennen. Die ersten Treffen finden immer im öffentlichen Raum statt, in einem Café, in einem Restaurant oder bei einem Spaziergang in einem belebten Park. Als Frau sollten Sie sich beim ersten Treffen nicht von ihm nach Hause bringen lassen oder gar in sein Auto einsteigen.

Was erfahrungsgemäß nicht klappt

Haben Sie auf den vergangenen Seiten vielleicht einige *moderne* Strategien vermisst? Schließlich berichten die Medien doch immer wieder über ganz neue Varianten des Kennenlernens wie Speed-Dating oder Blind-Date-Dinner. Außerdem gibt es ja auch noch Singleklubs und Partnervermittlungen. Und nicht zu vergessen sind allerlei Single- und Talkshows im Fernsehen, bei denen einsame Herzen einen für immer und ewig suchen. Keine Angst, auf solche Gelegenheiten müssen Sie nach meiner Erfahrung nicht zurückgreifen. Sie versprechen kaum Erfolg – im Gegensatz zu den vorgestellten Strategien.

Urlaub: In der Ferne, weitab vom Alltag, sind die meisten Menschen lockerer. Deshalb gelingen Flirts im Urlaub leichter. Liegt es da nicht nahe, im Urlaub nach einem Partner, einer Partnerin zu suchen? Leider nein. Auf 100 ernstgemeinte Urlaubsflirts kommt höchstens einer, der am Ende auch zu einer dauerhaften Verbindung führt. Warum? Die meisten Menschen suchen im Urlaub die unverbindliche Affäre und nicht die Liebe fürs Leben. Es ist wenig Zeit für die Annäherung und in der Hochstimmung des Urlaubs gelingt es den meisten Menschen auch nicht, genauer hinzuschauen, ob der andere wirklich zu ihm passt. Deshalb folgt nach dem Urlaub, wenn beide in ihren gewohnten Alltag zurückkehren, sehr häufig der Absturz der Gefühle.

→ *Tipp:* Belasten Sie Ihre Urlaubsvorfreude nicht mit dem Vorsatz, nach einem Partner für immer und ewig Ausschau zu halten. Genießen Sie Ihre Urlaubswochen, finden Sie neue Freunde, gehen Sie Ihren Interessen nach oder entdecken Sie neue. Ernsthafte Partnersuche aber, die findet dort statt, wo Sie wohnen. Bleiben Sie doch einfach zu Hause und nutzen die Zeit zum Kennenlernen •

Partnervermittlungen: Warum es nicht mit einer Partnervermittlung versuchen, fragt sich mancher, der in seinem Alltag so gut wie nie einen ungebundenen Mann, eine ungebundene Frau kennen lernt. Ernsthafte Partnersuche findet dort allerdings kaum statt. So traurig es ist, im Allgemeinen ist es das Ziel einer Partnervermittlung an Ihr Geld heranzukommen. 1 000 bis 4 000 Euro verlangt sie üblicherweise. Sobald Sie bezahlt haben, sind Sie uninteressant geworden.

Die meisten Partnervermittlungen bieten Ihnen außer dem Versprechen, nun bald einen Partner für Sie zu finden nichts. Einer der Gründe: Ihre Kartei ist für eine Vermittlung viel zu klein. Sie haben nur einige hundert Männer und Frauen in der Ablage. Das ist zu wenig, um auch nur einen halbwegs passenden Flirtpartner für Sie zu finden, bei dem wenigstens die Altersklasse und das Bildungsniveau stimmen. Ein großer Internetanbieter wie *parship* dagegen hat zwei Millionen.

Single-Events: Single-Kochen, Single-Reisen, Single-Kurse bei der Volkshochschule, Single-Führungen im Museum – es gibt viele Angebote speziell für Alleinstehende. Paare lernen sich dort allerdings nur selten kennen. Die Auswahl ist dazu viel zu gering. Das gilt auch für Singletreffs und Singleclubs. Weit häufiger finden sich bei solchen Single-Angeboten neue Freunde.

Finden Sie Ihre persönliche Erfolgsstrategie!

Sie haben nun die wichtigsten Varianten der Partnersuche kennen gelernt. Wissen Sie schon, auf welche Weise Sie Ihrem Glück in Zukunft auf die Sprünge helfen wollen? Waren Ihnen einige Strategien besonders sympathisch? Fanden Sie andere weniger reizvoll? Akzeptieren Sie Ihre Vorlieben und Abneigungen. Erinnern Sie sich auch, wie Sie in der Vergangenheit Partner kennen gelernt haben. Diese Möglichkeiten sind für Sie auch heute noch gut geeignet, weil sie Ihnen vertraut sind.

Auch wenn Sie im Grunde Ihres Herzens gerne wollen, dass der *Zufall* Ihnen zu einem Lebenspartner verhilft – Sie wissen, er wird Ihnen nicht eines Tages vor die Füße fallen, während sie daheim auf dem Sofa sitzen. Ich rate ganz dringend zur Kontaktanzeige und zum Internet, um einen Partner zu finden.

Warum? Zunächst einmal, weil ich Sie vor der vertrackten »Es gibt keine Männer mehr«-Falle beziehungsweise der »Es gibt keine Frauen mehr«-Falle bewahren will. Der Pessimismus ist der größte Feind des Erfolgs. Wer glaubt, dass es nicht möglich ist, einen neuen Lebenspartner zu finden, der wird in der Tat niemanden finden. Der Pessimismus ist eine sich selbst erfüllende Prophezeiung.

Aktiv nach einem Partner zu suchen hat aber noch mehr Vorteile. Eine aktive Partnersuche ist ein hervorragender »Was will ich wirklich«-Test. Sie ist die beste und verlässlichste Methode, herauszufinden, was Sie wollen. Das haben vor Ihnen schon viele Singles so erlebt.

✗ *Beispiel:* Die 37-jährige Sonja hat etwa 20 Männer über Kontaktanzeigen kennen gelernt. »Kein Mann sagte mir zu – wirklich keiner. Ein zweites Treffen habe ich immer abgelehnt.« Trotzdem bereut Sonja ihre aktive Suche nicht. Denn am Ende passierte etwas, womit sie nicht gerechnet hatte. »Ich ging auf ein Fest und unterhielt mich ganz nett mit Harald. Und mit einem Mal wusste ich: Das könnte er sein.« Ohne die vielen Treffen zuvor, da ist sie sich sicher, wäre ihr Harald womöglich nicht einmal aufgefallen.

So wie Sonja ergeht es Vielen, die aktiv auf die Suche gehen. Durch die vielen Verabredungen lichtet sich der Nebel und Sie sehen klarer, nach was für einem Partner Sie suchen. Und am Ende lernen Sie ihn oder sie auf einem ganz anderen Weg kennen.

→ **Tipp:** Am besten sind Ihre Aussichten, wenn Sie möglichst viele Strategien gleichzeitig nutzen. Suchen Sie sich eine Singlebörse im Internet, die Ihnen zusagt. Geben Sie regelmäßig Anzeigen auf. Besuchen Sie jede Party in Ihrem Freundes- und Bekanntenkreis. Gehen Sie insbesondere zu jeder Hochzeit. Lassen Sie sich alle Singles vorstellen, von denen Sie hören. Und fahren Sie so oft zu Fortbildungen und Wochenendseminaren, wie nur möglich. Ich verspreche Ihnen: Wenn Sie das alles tun, dann ist es bis zum Ende Ihrer Singlephase nicht mehr weit ●

In Kürze

♥ Legen Sie sich nicht auf eine einzige Strategie zum Kennenlernen fest. Je mehr Wege Sie gehen, desto leichter erreichen Sie Ihr Ziel, eine Partnerschaft.

♥ Wer Auswahl hat, fühlt sich beschwingt und umworben. Das hebt das Selbstwertgefühl – und das macht Sie als möglichen Partner oder mögliche Partnerin noch interessanter.

♥ Bauen Sie Vorbehalte gegenüber den Strategien ab. Ein Treffen, das über eine Kontaktanzeige zu Stande kommt, ist sicher nicht so romantisch wie in einem Liebesfilm. Aber wenn Sie auf diesem Weg Menschen kennen lernen können, die auch ernsthaft auf der Suche sind – was soll's!

Die Geschichte von Bettina und Andreas

Bettina fasst sich ein Herz

Heute vor einem Jahr war der Tag ihrer Trennung. In Gedanken durchlebt Bettina noch einmal den letzten Streit mit Bernhard, sieht sich Koffer und Tasche packen, mit den Kindern sprechen und schließlich abfahren. Es scheint, als wäre es erst gestern gewesen, dabei liegt es doch so weit hinter ihr!

Und heute? Beim Frühstück schlug ihr ihre Tochter Karin vor:»Vielleicht solltest du dir einen neuen Mann suchen.«

»Aber woher soll ich den denn so einfach nehmen?«, fragte Bettina mit einem Lächeln.

Karin holte eine Zeitschrift, schlug sie auf und zeigte auf die Kontaktanzeigen.»Männer gibt es genug. Du musst dir nur einen aussuchen!«

Bettina musste lachen. Trotzdem fing sie an zu lesen.

»Humorvoller Mann sucht attraktive Frau, die sich sowohl in Jeans als auch im Abendkleid wohl fühlt.« Wie vielsagend!

»Schau mal hier«, sagte Karin und zeigte auf eine Anzeige. »Tageslichttauglicher Mann, mit Lust auf klassische Musik (Mozart) und Fahrradtouren (nicht über 20 Kilometer). Ich (40/194/80) koche gerne für Freunde und habe einen Hang zum Leben auf dem Land. Keine Flirts – suche eine für immer und ewig.«

Bettinas Herz schlug beim Lesen des Textes schneller. »Puh«, sagte sie und dachte an Bernhard. Wie schwierig war es gewesen, ihn mal in ein Konzert zu schleifen. Vom Kochen ganz zu schweigen!

Karin schaute ihre Mutter erwartungsvoll an. »Na, was sagst du?«

»Klingt gut! Sehr gut sogar!«

»Und?«, fragte Karin erwartungsvoll. »Wirst du ihm schreiben?«

Bettina zögerte. Noch nie hatte sie Kontaktanzeigen gelesen. Sie hatte auch keine Ahnung, wie man so einen Brief schreibt, und dachte mit Schaudern an die Stapel von Briefen, die dieses Prachtexemplar von Mann wohl bekommen würde. Doch andererseits klang der Text wirklich vielversprechend. »Na ja, ich kann es ja mal versuchen.«

Andreas kann sein Glück kaum fassen

In drei Minuten war er mit Bettina verabredet und noch immer hing er in einem Stau fest. Er würde auf jeden Fall zu spät kommen, das war klar. Andreas atmete tief durch und überlegte, mit welchem Spruch er sich bei Bettina für sein unpünktliches Erscheinen entschuldigen sollte. Wie würde sie reagieren, wenn er sich schon bei ihrem ersten Rendezvous verspätet? Er hatte den Klang ihrer Stimme noch genau im Ohr. Vor drei Tagen hatte er sie angerufen.

»Hallo Bettina, hier spricht Andreas.«

»Hallo Andreas.«

Ihre Begrüßung klang so selbstverständlich, als habe sie ihn gerade in diesem Augenblick erwartet. Nach wenigen Minuten wusste er, dass er sie kennen lernen wollte. Schon ihr Brief hatte ihm besonders zugesagt. Es waren nur einige wenige Zeilen, doch sie klangen so natürlich und vertraut, dass er die anderen Zuschriften nach dem Lesen umstandslos zur Seite gelegt hatte.

Mit wehendem Mantel stürmte er in das Restaurant. Er sah sie sofort: blonde Locken, eine kleine, spitze Nase, der Mund ungeschminkt. Sie musterte ihn mit einem Blick voller Neugier und gespannter Erwartung. Andreas ging auf sie zu. Als er versuchte, sich an sein Sprüchlein zu erinnern, an dem er die vergangenen zehn Minuten gebastelt hatte, da hatte er es vergessen. Stattdessen sagte er: »Kann es sein, dass wir aufeinander warten?«

Ihre hellblauen Augen blitzten auf, und sie fragte: »Andreas?« Er nickte, gab ihr die Hand und setzte sich. Sie schaute ihn weiterhin erwartungsvoll an und sagte dann: »*Ich* habe gewartet.«

Als er zwei Stunden später auf dem Weg nach Hause war, konnte er sein Glück kaum fassen. Was für eine Frau! So einen interessanten und doch entspannten, lustigen Abend hatte er in letzter Zeit mit keiner seiner Verabre-

dungen verbracht. Er wusste genau, dass er Bettina wiedersehen wollte. Und er war sich sicher, auch sie wollte ihn
wiedersehen.

5.

Drum prüfe, wer sich ewig bindet

Nach dem Kennenlernen wird es erst richtig spannend: Hält sie, die neue Liebe? Oder entpuppt sich der neue Prinz oder die neue Prinzessin bei näherem Hinsehen als Frosch? Nicht aus jedem Flirt wird eine Verliebtheit. Nicht jede Verliebtheit wird später auch zu einer Liebe. Doch wer die drei Phasen der Liebe kennt, der weiß, worauf er sich in dieser bewegten Zeit einstellen muss •

Die drei Phasen der Liebe

Es liegt in der Natur des Menschen, nach den Sternen zu greifen – auch in der Liebe. Egal ob auf der Fahrt zum Mond oder zur Liebe: Trotz ungewissen Ausgangs müssen wir ein hohes Maß an Energie aufwenden. Wir müssen nämlich zuerst einmal unsere innere Trägheit überwinden, um überhaupt aufzubrechen und brauchen dann eine erhebliche Portion Ausdauer, um das ferne Ziel auch zu erreichen. Und der Weg dorthin – zur großen Liebe – ist selten gerade und unbeschwert. Die Anstrengungen, die wir in Kauf nehmen müssen, verursachen mitunter Schmerzen, mal leichte, mal heftigere, je nachdem, welche der drei Phasen der Liebe wir gerade durchlaufen:

- Die Kennenlernphase,
- Die Verliebtheitsphase,
- Die Probezeit: Wie aus Verliebtheit Liebe wird.

Wer diese drei Phasen kennt, ist gut gerüstet für das Abenteuer Liebe. Genau wie die Rakete auf ihrem Flug ins Weltall brauchen auch wir auf unserer Reise zur Liebe reichlich Kraftstoff, der jedoch in jeder Phase anders aussieht. Auf den folgenden Seiten erfahren Sie, was Sie am dringendsten brauchen, um jeweils zur nächsten Stufe zu gelangen – bis schließlich die Sterne zum Greifen nah sind.

Die Kennenlernphase: Mit Neugier und Geduld den Anderen entdecken

Der wichtigste *Treibstoff* in der Kennenlernphase ist die Neugier. Zunächst einmal brauchen wir Neugier auf andere Menschen. Was macht sie für uns so einzigartig? Wie stehen sie zum Leben? Welche Hoffnungen und Zukunftsvorstellungen haben sie? Und wir müssen auch auf uns selbst neugierig sein. In der Begegnung mit anderen lernen wir uns immer wieder neu kennen. Was erwarte ich? Wer passt zu mir? Was spricht mich an? Womit kann ich gar nicht gut umgehen und warum? In der Kennenlernphase werden diese Fragen laufend neu beantwortet. Das ist spannend und fordert uns heraus.

X *Beispiel:* »So richtig schwierig wird es mit der Liebe ja erst nach dem Kennenlernen«, sagt Margit und es klingt, als wäre sie ein wenig erstaunt über ihre eigene Erkenntnis. Margit (29) hat gerade zwei gescheiterte »Versuche« hinter sich. Verschnaufen will sie trotzdem nicht. »Ach warum«, sagt sie lachend, »es war ja auch interessant, die beiden Männer kennen zu lernen.« Mit dieser positiven Einstellung verfügt Margit über den nötigen Antrieb für die erste Stufe der Liebe.

Sie können die Phase des Kennenlernens noch mehr genießen, wenn Sie sich an einige Regeln halten, die Ihnen so manche Enttäuschung ersparen. Schließlich können Sie nur ent-täuscht werden, wenn Sie sich vorher ge-täuscht haben!

Regel Nr. 1: Seien Sie Sie selbst

Bleiben Sie beim Kennenlernen stets Sie selbst. Spielen Sie keine Rolle. Sie können sie ohnehin nicht durchhalten. Sie sind, wer Sie sind, auch an schlechten Tagen. Punkt.

Jeder Mensch ist unsicher bei einer Verabredung. Das ist völlig normal. Trotzdem tun sich manche Menschen in solchen Situationen besonders schwer. Sie werden innerlich umgetrieben von der Überlegung, was der andere von ihnen hält und erwartet. Besonders belastend wird diese Sorge, wenn ihnen das Gegenüber gut gefällt. Dann kreisen ihre Gedanken womöglich ausschließlich darum, welche Ansprüche der andere haben mag und wie es ihnen gelingen kann, diesen zu genügen.

Tipp: Versuchen Sie nicht, allen gefallen zu wollen. Wer das tut, ist nicht mehr authentisch und verkrampft sich. Vielleicht machen Sie auf diese Art viele unverbindliche Bekanntschaften, den Partner fürs Leben aber werden Sie schwerlich finden.
Entweder der Funke der Sympathie springt bei einem Kennenlernen über und daraus wird mehr, oder er tut es nicht.

Denken Sie daran, dass sich unter 100 Personen (durchschnittlich) eine findet, die zu Ihnen passt. Und das ist in aller Regel nicht die erste, die Sie treffen. Die Liebe zu finden braucht nun mal seine Zeit ●

Wenn Sie also eine flippige, spontane Frau sind, dann stehen Sie dazu! Und wenn Sie ein korrekter, gewissenhafter Mann sind, dürfen Sie sich auch so geben. Nur dann finden Sie auch den Partner, der zu Ihnen passt!

Wenn Sie ein begeisterter Katzenfan sind, dann ist das eben so. Versuchen Sie erst gar nicht, einem Katzen-Phobiker zu gefallen. Und wenn Sie jedes Jahr zu einer langen Fernreise starten und sich wünschen, dass dabei in Zukunft ein Partner an Ihrer Seite ist, dann ergibt ein Flirt mit einem eingeschworenen Reisemuffel wenig Sinn.

Stehen Sie zu Ihrem Leben! Zu Ihrem großen Interesse für die Geschichte des Mittelalters. Zu Ihrer Begeisterung für die Musik von Johann Sebastian Bach. Zu Ihrer Liebe zum Salsa-Tanzen. Stehen Sie vor allem auch zu Ihren Plänen und Zielen! Den langen Kulturreisen in ferne Länder. Dem Wunsch nach einem Leben auf dem Land.

→ *Tipp:* Wenn Sie Kinder wollen, dann können Sie Ihrem Flirtpartner das beim zweiten oder dritten Treffen sagen. Oder Sie fragen ihn, wie er zur Kinderfrage steht. Wenn er oder sie sich danach zurückzieht und Sie nicht wieder sehen will, dann müssen Sie das Ende Ihres Flirts akzeptieren. Das fällt nach zwei oder drei Treffen erheblich leichter, als nach 20 oder 30 ●

Regel Nr. 2: Seien Sie offen – aber nicht offenherzig

Neugier und Offenheit anderen Menschen gegenüber gehören unabdingbar zur Partnersuche. Wer aber einen Partner für immer und ewig sucht, der sei vor zu viel Offenheit am Anfang des Kennenlernens gewarnt. Denn wer zu Beginn eines Flirts zu offenherzig ist, riskiert, dass sich der potenzielle Partner überfordert fühlt und sich zurückzieht. Frauen neigen eher dazu, zu schnell zu viel von sich preiszugeben. Sie haben manchmal den Hang, schon bei der ersten Verabredung alles auszupacken: katastrophale Beziehungen, Enttäuschungen und Ängste, Probleme im Beruf.

Das kann einen anderen verständlicherweise überrumpeln. Behalten Sie also am Anfang eines Flirts Ihre gescheiterten Ehen, ausgestandenen Krankheiten und Ihr schwieriges Elternhaus für sich – selbst wenn Sie auf noch so interessierte Ohren stoßen! Nur allzu oft seufzt Ihr Gegenüber in sich hinein: »Oh weh, welch ein komplizierter Fall!« Auch wenn er beim Abschied noch beteuert: »Ich sehe Sie gern wieder«, denkt er wahrscheinlich: »Das halte ich kein zweites Mal aus.«

Auch manche Männer haben diese fatale Neigung. Schon nach einer Viertelstunde erzählen sie von ihrer traumatischen Trennung und den neuesten Gemeinheiten ihrer Ex-Frau. Damit signalisieren sie vor allem eines: Ich bin noch lange nicht wieder offen für eine neue Beziehung.

Beherzigen Sie lieber Folgendes: Wer viel redet, hat viel zu verlieren. Sie wollen auf Ihr Gegenüber doch interessant wirken und nicht den Eindruck einer »Problemsammlung« hinterlassen. Jeder Mensch hat seine schwierigen Seiten, seine Neurosen und Neuröschen. Warum also so viel Aufhebens darum machen? Kein Mann will hören, wie unglücklich oder chaotisch Ihr Leben bisher verlaufen ist – es sei denn, er liebt Sie *wirklich*.

Keine Frau interessiert sich für Ihre schwierige Scheidung, es sei denn, sie liebt Sie bereits. Überfordern Sie Ihr Gegenüber also nicht mit allzu großer Offenheit. Seien Sie zurückhaltend – zumindest bei den ersten Treffen. Sie haben gerade zu Beginn einer Begegnung viel zu verlieren. Das heißt aber natürlich nicht, dass Sie auf Dauer etwas verschweigen oder gar lügen sollen. Vielmehr sollten Sie sich Zeit lassen und sich langsam öffnen, statt mit der Tür ins fremde Haus zu fallen. Damit fördern Sie die Neugier des anderen, und das erhöht Ihre Chancen auf ein Wiedersehen.

Regel Nr. 3: Halten Sie die erste Verabredung kurz

Wie Sie schon im Abschnitt über die Kontaktanzeige (siehe Seite 126) gelesen haben, sollten Sie selbst bei einem besonders netten ersten Treffen der Versuchung widerstehen, es zu sehr auszudehnen. Andernfalls steigt die Wahrscheinlichkeit, dass es zu keiner zweiten Verabredung kommt. Denn einer der beiden fühlt sich fast immer durch die überhastete Annäherung überfordert und zieht sich lieber wieder zurück. Das erste Treffen hat – wie jedes andere Rendezvous auch – eine eindeutige Funktion: Sie sollen feststellen, ob Sie den anderen wiedersehen wollen oder nicht. Sie können sich sicher sein: Verläuft das erste Treffen gut, dann werden Sie sich wiedersehen. Und bei späteren Treffen haben Sie dann noch alle Zeit dieser Welt, den anderen genauer kennen zu lernen.

»Aber was soll ich denn tun, wenn er richtig nett ist? Ich kann dann doch nicht einfach nach eineinhalb Stunden gehen!« Doch, sie können. Sie sollten es sogar unbedingt tun, gerade wenn er nett ist. Wenn er *wirklich nett* ist und auch seinerseits Gefallen an Ihnen findet, dann kann nichts in der Welt verhindern, dass Sie sich wiedersehen. Wenn er *wirklich nett* ist, dann besteht allerdings die Gefahr, dass Sie beim ersten Treffen zu persönlich werden und zu intime Details aus Ihrem Leben preisgeben. Diese Offenheit ganz zu Anfang birgt die Gefahr in sich, den anderen oder sich selbst zu überfordern.

Tipp: Um sicherzugehen, dass dem anderen klar ist wie sympathisch Sie ihn finden, haben Sie zwei bewährte Mittel: Erstens schauen Sie ihm – oder ihr – beim Abschied tief in die Augen. Zweitens sagen Sie, wie angenehm Sie das Treffen fanden. Auch wenn es altmodisch klingt, aber schlagen Sie als Frau von sich aus nicht das nächste Treffen vor. Tut er es – gut. Tut er es nicht, dann warten Sie auf seinen Anruf •

Regel Nr. 4: Lassen Sie die Zeit für sich arbeiten

Stellen Sie sich vor: Sie haben vor zwei Tagen bei einem Ausstellungsbesuch einen tollen Mann kennen gelernt. Er ist kulturell sehr interessiert – was Ihnen wichtig ist – und er ist ein anregender Gesprächspartner. Ihr Gefühl sagt Ihnen: Das ist Mr. Right!

Nach zwei Tagen juckt es Sie folglich in den Fingern, Ihre neue Bekanntschaft anzurufen. Zwar hat er zum Abschied zu Ihnen gesagt: »Ich rufe dich an.« Aber wer weiß. Vielleicht hat er ja Ihre Telefonnummer verlegt. Oder sich die Hand gebrochen und ist außerstande, Ihre Nummer zu wählen. Könnte ja immerhin sein!

Ihre besten Freundinnen sind absolut gegen Ihren Plan. »Mach dich nicht zum Affen!«, hat die eine in ihrer direkten Art gesagt. Eine andere war etwas feinfühliger und hat nur nachdenklich den Kopf geschüttelt. »Ich würde mir das gut überlegen.« Und die dritte Freundin, eine Frau mit viel Erfahrung im Kennenlernen von Männern, hat ganz lakonisch »abwarten« gesagt. »Triff dich doch lieber mit einem anderen Mann, besser noch mit zweien«, war ihr unsensibler Rat. Da sprießt in Ihnen gerade ganz zart der Keim einer neuen Liebe und diese barbarische Person rät Ihnen, sich mit anderen Männern zu treffen. Ist doch empörend, oder? Tut mir leid, aber Ihre Freundinnen haben allesamt Recht! Denn eine der Grundregeln für die Zeit des Kennenlernens lautet: Lassen Sie die Zeit für sich arbeiten.

Wundern Sie sich also nicht, wenn sich ein Mann nach der ersten Verabredung mit seinem Anruf zwei oder drei Tage Zeit lässt. Vielleicht hat er ja viel um die Ohren. Oder er trifft sich mit anderen Frauen. Machen sie sich deswegen nicht verrückt. Vielleicht ist er frisch geschieden und braucht Zeit, um zur Besinnung zu kommen, bevor er sich Hals über Kopf in eine neue Beziehung stürzt. Geben Sie ihm diese Zeit. Treffen Sie sich mit Freundinnen und auch mit anderen Männern. Sehen Sie das Ganze pragmatisch: Wenn er Sie mag, dann ruft er Sie irgendwann an. Wenn nicht, ist es sein Pech! Auf zum nächsten Flirt!

In vielen einschlägigen Büchern wird Frauen empfohlen, sich beim Start in eine Liebesbeziehung zurückzuhalten. Die Begründung für diesen Rat klingt meist nach Steinzeit: Der Mann sei der Jäger (»Gönnen Sie ihm doch diesen Spaß!«), die Frau dagegen sei das zu erjagende Wild. Das ist, mit Verlaub gesagt, blanker Unsinn. Der Mann ist in der Liebe kein Jäger. Er ist vielmehr ein scheues Wild. Und genau das ist der wahre Grund, warum eine gewisse Zurückhaltung und Geduld in der Phase des Kennenlernens ratsam ist. Denn Geduld ist der zweite nötige *Treibstoff* in dieser ersten Phase der Liebe. Stapfen Sie also nicht lauthals durch den Wald, sondern warten Sie ruhig und geduldig an einer geeigneten Stelle ab. Dieses Warten fällt gerade Frauen oft schwer. Sie haben gelernt, im Beruf erfolgs- und zielorientiert zu handeln. Warum soll ausgerechnet in der Liebe das Abwarten die bessere Strategie sein? Weil der Mann in Wahrheit kein beinharter Kerl ist, der genau weiß, was er will! Vielmehr hat er Angst vor den Folgen der Liebe. Die Liebe wird in unserer Kultur nämlich allzu sehr glorifiziert. Sie scheint nur Vor-, aber keinerlei Nachtteile zu haben. Doch das ist nicht so. Die Liebe hat einen ganz gravierenden Pferdefuß: Wer sich an einen anderen Menschen bindet, der verliert einen Teil seiner Unabhängigkeit.

Besonders stark findet sich die Angst vor einem Autonomieverlust bei Männern. So sehr sie eine Bindung auch anstreben, die Angst vor einem Verlust an Freiheit und Eigenständigkeit ist doch eine ständige Begleiterin und manchmal ist sie sogar stärker als der Bindungswunsch. Deshalb wollen Männer das Tempo der Annäherung selbst bestimmen. Und eine Frau, die das Bindungstempo forcieren will, wird in aller Regel scheitern: Der Mann bekommt Angst und zieht sich zurück. Und die Frau ist frustriert und schimpft auf *die Männer.*

Aber nicht immer sind es nur die Männer, die sich vom Tempo der Annäherung überrannt fühlen. Auch viele Frauen haben Angst vor einer festen Bindung. Auch sie brauchen Zeit, bis sie sich sicher fühlen und wirklich bereit sind, sich einzulassen. Gerade deshalb sollten Sie die nächste Regel beherzigen.

Regel Nr. 5: Geben Sie ihm die Chance, zuerst anzurufen

Um es noch einmal deutlich zu sagen: Frauen sind bei der Partnersuche der aktivere Teil. Das ist auch das einhellige Ergebnis der Forschungen von Biologie und Psychologie. Frauen bringen mit Blicken und Anlächeln Flirts erst in Gang. Sie sind im Gespräch kommunikativer, signalisieren durch Dutzende von subtilen Verhaltensweisen ihre Sympathie, sie stellen mehr Fragen und fördern durch anteilnehmende Reaktionen das Interesse von Männern.

Frauen sollten den Männern aber nicht die ganze Arbeit der Annäherung abnehmen. Auch wenn es sich ungewöhnlich und heutzutage ein wenig konservativ anhört, plädiere ich persönlich dafür, wenigstens die ersten Anrufe ihm zu überlassen. Wenn ein Mann das nicht zustande bringt, lohnt kein weiterer Gedanke an ihn und an eine wunderbare Zukunft an seiner Seite. Männer sind in der Regel unsicherer, was ihre Gefühle angeht. Sie brauchen deshalb mehr Zeit, um sicher zu sein, ob sie ein weiteres Treffen wünschen. Gönnen Sie ihm einfach diese Zeit und warten Sie ab, was passiert.

Und wenn er dann anruft, achten Sie genau auf seine Wortwahl. Ein laues »Wir hatten doch gesagt, dass wir uns vielleicht noch einmal treffen wollten«, sollte Ihnen auf keinen Fall ausreichen, um ihn ein weiteres Mal zu sehen. Entweder bedeutet das ungefähr so viel wie: »Ich fand dich zwar nicht so richtig toll, aber da ich sonst keine Frau habe, mit der ich mich treffen kann, rufe ich dich doch noch einmal an.« Darauf können Sie gut verzichten. Oder er ist so wenig selbstsicher, dass sich vermutlich deshalb ein weiteres Treffen für Sie nicht lohnt. Vergessen Sie nicht, Sie befinden sich auf einer Reise mit einem bestimmten Ziel vor Augen.

Tipp: Fallen Sie bitte nicht auf den Trick mit der SMS herein. Wer per SMS sein Interesse an einem weiteren Treffen kundtut, der macht es sich leicht. Und schiebt dem anderen den Ball zu. Spielen Sie den Ball wieder zurück. Schreiben Sie ihm *Ruf mich doch an.* Wenn er das nicht tut, dann ist er nicht wirklich interessiert

Ein Wort an alle Männer: Seien Sie ehrlich zu sich selbst! Wenn Sie eine Frau wirklich wiedersehen wollen, so sollten Sie das auch deutlich ausdrücken. Vollendete Formulierungskünste sind dazu nicht erforderlich. Ein schlichtes »Ich möchte dich gern wiedersehen« reicht völlig.

Regel Nr. 6: Meiden Sie SMS und E-Mails

Ob zwei Menschen zueinander passen, das erweist sich in der persönlichen Begegnung, im Gespräch – niemals aber bei abendlichen SMS der Sorte *hdl* (hab dich lieb) oder in E-Mails. Meiden Sie SMS und E-Mail so gut es geht.

Die modernen Kommunikationsmittel haben zwar viele Vorteile, aber bei der Partnersuche können sie auch Probleme verursachen. E-Mails zum Beispiel verleiten zu einer großen Offenheit. Dadurch werden dem Anderen manchmal sehr persönliche Details aus dem eigenen Leben mitgeteilt, die wir uns im persönlichen Gespräch nicht zu offenbaren wagen. Zumindest nicht zu einem sehr frühen Zeitpunkt. In der Kennenlernphase und auch noch später, wenn Sie bereits hell verliebt sind, kann das zu großen Schwierigkeiten führen.

Die SMS wiederum ist viel zu kurz und verleitet zu Missverständnissen. Dazu kommt: Was ist von den Liebesgeständnissen eines Mannes oder einer Frau zu halten, die er oder sie nur per SMS zu äußern vermag? Sie ahnen es: Nichts.

Tipp: Um zu klären, ob Sie den anderen lieben, ist die SMS nicht gedacht. Äußern Sie niemals Gefühle über SMS – dafür ist das Gespräch da. Seien Sie auch vorsichtig, wenn Ihr Flirtpartner sich so verhält.

Vermeiden Sie außerdem grundsätzlich, über E-Mail oder SMS etwas zu schreiben, was Sie sich im Gespräch nicht zu sagen getraut haben•

Regel Nr. 7: Flirten Sie nur mit Menschen, die es ernst mit Ihnen meinen

Ein Mann ruft Sie nach einem Treffen erst nach zwei oder gar nach vier Wochen wieder an. Er sagt Ihnen schon beim ersten Treffen, was für eine tolle Frau Sie sind, schiebt dann jedoch auf der Stelle einen Satz hinterher, der mit dem Wort »aber« beginnt. Er erklärt Ihnen wortreich, dass er nicht bindungsfähig sei, dass er seine Freiheit brauche, dass schon sein Vater im zarten Alter von 45 Jahren an einem Herzinfarkt gestorben sei, er also auch nicht lange zu leben habe und dass er Ihnen deshalb das schwere Schicksal ersparen wolle, schon in jungen Jahren Witwe zu werden – aus reiner Nächstenliebe, versteht sich.

Über das Flirten mit Menschen, die es nicht ernst meinen, sind schon ganze Bücher geschrieben worden, wie zum Beispiel der amüsante Bestseller _Er steht nicht auf dich. Warum Frauen nie verstehen wollen, was Männer wirklich meinen,_ den die beiden _Sex-and-the-City_-Mitarbeiter Greg Behrend und Liz Tuccillo geschrieben haben. Das Buch richtet sich ausschließlich an Frauen. Doch nach meiner Erfahrung findet sich das Problem bei Männern wie bei Frauen.

Manche Frauen, aber eben auch Männer, glauben, eine Liebe könne man gewinnen, wenn man sich nur genügend anstrengt. »Er braucht nur etwas Zeit, dann wird er meine Qualitäten schon erkennen!« Anfällig für diese Haltung sind Menschen, die im Beruf erfolgreich sind und dort gelernt haben, sich auch gegen Widerstände durchzusetzen. Diese Erfahrung übertragen sie dann auf die Liebe – und scheitern.

Anfällig für diese Haltung sind nach meiner Erfahrung außerdem jene Männer und Frauen, die in ihrer Kindheit erlebt haben, dass die Zuwendung eines Elternteils nur durch Leistung zu erreichen war. Menschen mit dieser inneren Einstellung geraten schnell an jemanden, der nur mit ihnen spielt. Und dann strengen sie sich an, dem Anderen zu gefallen und hoffen, seine Liebe erringen zu können – vergeblich.

Was Menschen, die sich nicht festlegen wollen, fehlt, ist der Mut, sich auf eine Bindung einzulassen. Ihre Ängste vor einer Partnerschaft sind deutlich größer als ihr Wunsch nach Nähe. Und ihnen fehlt zweitens die Begeisterung – die Begeisterung für Sie. Denn das ist die wichtigste Bedingung, die ein Partner erfüllen muss: Er muss restlos und hellauf begeistert sein, auf Sie getroffen zu sein.

Glauben Sie mir: Jemand, der sich nicht festlegen will, ist für eine Beziehung mit Ihnen nicht zu haben, so sehr Sie sich auch bemühen. Also: Flirten Sie bitte nicht mit solchen Menschen. Nicht mit den Ja-aber-Kandidaten. Nicht mit den »Ich bin nicht bindungsfähig«-Typen. Und nicht mit denen mit dem schwachen Herzen.

Regel Nr. 8: Treffen Sie mehr als einen!

Treffen Sie sich, wenn Sie auf der Suche sind, nicht nur mit einem Mann oder einer Frau, sondern parallel mit dreien. Ich nenne dieses Vorgehen *Drei gewinnt*. So legen Sie sich nicht gleich zu Beginn fest (»Die oder keine!«, »Der oder keiner!«), sondern schauen sich noch einige andere interessante Frauen oder Männer an. Das bringt Ihnen mehrere Vorteile:

- Ihr Selbstwertgefühl steigt. Denn Sie sind begehrt und haben die Wahl.
- Sie bleiben gelassen. Mehrere Treffen mit Verehrerinnen oder Verehrern zu haben, ist aufregend. Aber die ganz große Unsicherheit (»ruft er oder sie mich an?«), die einen Flirt schon im Ansatz zerstören kann, bleibt Ihnen erspart. Wer sich frühzeitig auf einen Kandidaten festlegt, der gerät psychisch schnell aus dem Gleichgewicht, wenn aus einem Flirt nicht mehr wird.
- Sie vermeiden die Ausverkaufshaltung. Sie kommen nicht auf die Idee, ohnehin *nichts Besseres* zu bekommen. Eine solche Ausverkaufshaltung ist eine sehr gefährliche Falle. Stellen Sie sich vor, Sie kommen in ein Kaufhaus und von den T-Shirts liegt nur noch eine einzige Sorte auf dem Wühltisch. Würden Sie trotzdem eines davon kaufen, auch wenn es Ihnen gar nicht zusagt? Die Partnersuche sollte nicht zum Ausverkauf werden. Sorgen Sie lieber für Auswahl. Sie werden sich wohler fühlen.
- Sie verschaffen sich Klarheit. Sie werden erstaunt sein, was ein solches Vorgehen alles in Ihnen auslöst. Gerade noch hatten Sie einen wunderbaren Abend mit Harald, aber auch das Treffen mit Jürgen am übernächsten Tag war klasse. Solche Erfahrungen klären unsere Ansprüche an den Zukünftigen schneller, als alle Gespräche mit Freunden es vermögen. Dabei können Sie in aller Ruhe abwarten. Seien Sie sich sicher: Wenn Sie sich mit mehreren Verehrern oder Verehrerinnen parallel treffen, dann wird Ihr Gefühl Ihnen zum richtigen Zeitpunkt die richtige Entscheidung zuflüstern. Das geht schneller und zuverlässiger, als wenn Sie sich immer nur brav mit ein und demselben verabreden. Der Vergleich erhöht Ihre Sicherheit, und Sie können aus Überzeugung sagen: »Das ist er!« oder »Das ist sie!«

Regel Nr. 9: Lernen Sie, Körbe zu verteilen

Wer andere im Unklaren lässt, macht seinem Gegenüber Hoffnungen und sich selbst das Leben schwer. Wenn Sie sich sicher sind, dass Sie keine zweite Verabredung wünschen, dann sagen Sie dies auch klipp und klar. Besonders bei Kontaktanzeigen ist das unerlässlich. Sie verbringen sonst zu viel Zeit mit möglicherweise netten, aber für Sie uninteressanten Menschen. Es ist gar nicht so schwer, einen Korb zu verteilen. Manche werden bei ihrer Partnersuche mit der Zeit zu wahren Profis in dieser Kunst. Sagen Sie einfach:»Vielen Dank für das schöne Gespräch. Aber ich glaube, wir beide passen nicht zueinander.« Das reicht völlig aus. Bedanken Sie sich für das Treffen. Wünschen Sie Glück für die weitere Suche. Machen Sie dabei ruhig ein Kompliment. Denn Absagen lassen sich leichter schlucken, wenn sie versüßt werden. Und sie sind erheblich leichter zu erteilen, wenn sie ein anerkennendes Wort enthalten.

Aber Sie müssen und sollen Ihre Entscheidung nicht begründen. Der andere hatte lichtes Haar? Sagen Sie es ihm nicht! Es ist Ihr Problem, dass Ihnen ein solches Detail wichtig ist. Die Frau, mit der sie sich getroffen haben, hat ununterbrochen geredet, und sie kamen kaum zu Wort? Ein anderer Mann hätte das vielleicht toll gefunden. Sie fanden das nicht gut und insofern ist es Ihr Problem – und im Übrigen auch nicht zu kritisieren. Lassen Sie sich also bei einer Absage nicht zu einer detaillierten Begründung hinreißen. Das würde Ihr Gegenüber nur verletzen.

Tipp: Wenn Sie sich unsicher sind, ob Sie ein weiteres Treffen wünschen, dann nehmen Sie sich die Zeit, Ihre Entscheidung reifen zu lassen. Das ist Ihr gutes Recht. In diesem Fall bietet es sich an, ein weiteres Telefonat zu vereinbaren •

Regel Nr. 10: Lernen Sie das gelassene Durchwinken

Egal ob eine Verabredung sich nicht wieder meldet oder ob ein Flirtpartner Ihnen nach einigen Treffen nicht mehr zusagt, weil er in Ihren Augen zu langweilig ist: Nehmen Sie umgehend Abschied. Unsere Zeit ist viel zu kostbar, um sie mit uninteressanten Verabredungen und gequälten Smalltalks zu verschwenden.

Machen Sie es wie der Zoll an der Grenze: Bewahren Sie Haltung. Blicken Sie freundlich. Schieben Sie Ihre Mütze ein wenig nach hinten, damit Sie die Sonne besser genießen können – und winken Sie diese Männer oder Frauen einfach mit einer betont lässigen Handbewegung durch.

Das gelassene Durchwinken ist eine Frage der inneren Haltung. Es sollte Sie dabei nicht die Frage quälen, ob das Ende eines Flirts an Ihnen liegen könnte. Sie sagen sich: »Wir beide haben nicht zueinander gepasst« und wenden sich umgehend dem nächsten Anwärter zu.

Und auch in einem anderen Punkt können Sie sich an den Damen und Herren vom Zoll orientieren: Verschwenden Sie an durchgewunkene Kandidaten keinen weiteren Gedanken. Ich weiß, das ist schwer: »Warum hat er nur ...«, hätte sie nur nicht ...« Hätte, würde, wäre – All diese Gedanken helfen Ihnen nicht weiter, sondern stören nur Ihre Nachtruhe. Und die brauchen Sie, damit Sie umgehend wieder ans Werk gehen und den nächsten Flirt beginnen können.

Denken Sie in diesem Zusammenhang auch an die Hunderterregel. Wenn Sie bei jedem erfolglosen Flirt auch nur eine Woche des Nachdenkens und Sichärgerns einschieben, dann verschwenden Sie, bis Sie einen für immer und ewig gefunden haben, beinahe zwei Jahre mit Grübeleien. Schade um die schöne Zeit!

Regel Nr. 11: Lernen Sie, Körbe wegzustecken

Wieder einmal will eine Frau Sie nach einem ersten Treffen nicht wiedersehen? Nach drei netten Abenden ruft Ihr Verehrer nicht mehr an? Dann müssen Sie sich mit dem wohl schwierigsten Element der Partnersuche vertraut machen: Sie müssen lernen, Körbe wegzustecken.

Ein gescheiterter Flirt ist weder ein Beweis dafür, dass alle Männer Langweiler sind, noch dass Sie wohl niemals einen Partner finden werden. Ein gescheiterter Flirt ist bei der Partnersuche das Allernormalste.

Tipp: Sagen Sie zu sich selbst dasselbe, was Sie schon aus Regel Nr. 8 kennen: *Wir beide passen nicht zueinander.* Hüten Sie sich vor der leidigen Warum-Frage. Niemand ist schuld, wenn der Funke der Sympathie nicht überspringt. Sie suchen jemanden, der zu Ihnen passt. Beim letzten Flirt hat es nicht geklappt – also auf zum nächsten. Ziehen Sie auch die Möglichkeit in Betracht, dass Ihre Treffen noch der inneren Klärung dienen ●

Beispiel: »Warum klappt es bei mir nie«, fragt sich Sven. Er hat in den letzten 12 Monaten bereits 35 Frauen kennen gelernt. Einige Male kam es auch zu zweiten oder dritten Treffen, aber nie wurde mehr daraus. »Mache ich irgendetwas falsch?«, will der 43-Jährige wissen. Meine Antwort lautet: Nein. Das Gegenteil ist der Fall. Sven hat einen enormen Mut, viel Tatkraft und Durchhaltevermögen bewiesen. So langsam aber möchte er Erfolge sehen und wird pessimistisch. Das ist verständlich.

Wir alle fürchten die vielen Körbe, die wir bei der Partnersuche wegstecken müssen. Wir alle neigen dazu, uns nach einiger Zeit zu fragen, ob es nicht vielleicht an uns liegt, wenn immer noch nicht die Richtige oder der Richtige dabei war. Realistisch ist das nicht. Beziehen Sie Absagen nie auf sich. Es war einfach noch nicht der oder die Richtige dabei. Das ist alles.

Regel Nr. 12: Fangen Sie nichts mit gebundenen Männern oder Frauen an

Für die meisten Menschen ist diese Regel eine Selbstverständlichkeit. Aber immer wieder lassen sich Singles doch auf einen Flirt mit einem gebundenen Gegenüber ein. Glauben Sie mir: Wer sich noch in einer Beziehung befindet, kommt als Partner fürs Leben nicht in Frage. Und das aus unterschiedlichen Gründen.

Die allermeisten, die aus einer Beziehung heraus eine Liebelei anfangen, suchen das Prickeln, das sie in ihrer Partnerschaft vermissen. Aber sie sind nicht bereit, sich auf eine neue Liebe einzulassen. Warum auch? Sie haben so ja alles, was sie wollen: den sicheren Hafen der Ehe daheim und die Bestätigung als begehrter Geliebter »auswärts«.

Die Aussichten auf eine dauerhafte Partnerschaft sind schlecht, auch wenn sich ein gebundener Flirtpartner doch für Sie entscheidet und sich von seiner alten Liebe verabschiedet. Denn die neue Beziehung fungiert in solchen Fällen in aller Regel nur als »Übergangsbeziehung«. Der neue Partner wird gebraucht, um sich aus der alten Partnerschaft zu lösen. Ist die schwierige Trennungszeit überwunden, geht oft auch die neue Beziehung in die Brüche.

Wer sich aus einer bestehenden Beziehung heraus bereits neu

orientiert, ist in der Regel zu lebensunsicher, um den ehrlichen Weg zu gehen und sich erst einmal zu trennen. Er hat Angst vor dem Alleinsein. Aus diesem Grunde sind gebundene Menschen bei der Partnersuche nicht allzu wählerisch – mit den absehbaren Folgen: Auch die neue Beziehung hält nicht allzu lange. Außerdem lebt der neue Partner häufig mit der Angst, dass sein Gegenüber wieder »fremdgehen« wird.

Tipp: Suchen Sie sich lieber unter den Singles einen für immer und ewig – und zwar unter den bindungswilligen Singles!

Regel Nr. 13: Lassen Sie es erst dann zu Sexualität kommen, wenn Sie beide verliebt sind

Lassen Sie sich Zeit mit der körperlichen Annäherung. Natürlich finden Sie den anderen körperlich attraktiv – das ist einer der Gründe, warum Sie mit ihm flirten. Sie verlieren aber durch körperliche Nähe, auch wenn es *nur* Zärtlichkeiten sind, Ihre Unbefangenheit zu prüfen, ob der andere als Lebenspartner der Richtige für Sie ist. Menschen sind, wenn es zu Sexualität gekommen ist, auf eine Beziehung eingestellt – das ist schon hormonell so. Das macht uns für einige Zeit regelrecht blind für die Fehler und Schwächen des anderen. Außerdem können Sie sich dann auch nicht mehr so leicht vom Anderen lösen. Das gelassene Durchwinken wird schwierig.

Darüber hinaus ist der Schmerz, wenn aus dem Flirt nichts wird, ungleich größer, wenn Sie schon miteinander im Bett waren.

Die Geschichte von Bettina und Andreas

Bettina ist verliebt
Nun hatte sie das dritte Treffen mit Andreas hinter sich und so langsam rührten sich die Schmetterlinge in ihrem Bauch. Aber sie war unsicher – wie lange noch sollte sie zögern, bevor sie mit ihm schlief? »Lass dir ruhig Zeit«, riet ihre Freundin Claudia.

»Aber ich will doch nicht, dass er mich für prüde hält!«, antwortete sie.

Die Freundin lachte nur. »Du und prüde! Ich glaube, du brauchst einfach noch ein bisschen Zeit, um dich mit ihm sicherer zu fühlen.«

Und so traf sie sich mit Andreas wiederum in einem Café und nicht bei ihm oder bei ihr. Doch als sie sich verabschiedeten, küssten sie sich so lange, dass sie noch abends im Bett ganz aufgewühlt war. Und dann musste sie lachen. Wie Teenager, die nicht wissen, wohin sie gehen sollen, hatten sie am Ausgang des Parks gestanden und sich geküsst.

Die Verliebtheitsphase: Nähe und Sehnsucht erleben

Sie haben jemanden kennen gelernt, sich einige Male mit ihm oder ihr getroffen – und von Mal zu Mal regen sich mehr Schmetterlinge in Ihrem Bauch. Sie fiebern immer ungeduldiger der bevorstehenden Verabredung entgegen. Denn der oder die andere gefällt Ihnen außerordentlich gut, Sie fühlen sich in der Gesellschaft des anderen besonders wohl und Sie berühren sich gern. Keine Frage: Sie sind verliebt! Was für ein wunderbares Gefühl! Genießen Sie es und machen Sie was Schönes daraus!

Verliebtsein ist ein rauschhafter Gefühlszustand – Sie wissen es bereits. Sind Sie glücklich verliebt, geraten Sie in Euphorie. Das ganze Leben erscheint in rosarotem Licht, selbst lästige Aufgaben gehen Ihnen leichter von der Hand. Diese Hochstimmung wird zwar von einem Menschen entfacht, aber sie beschränkt sich nicht auf ihn. Ihre extreme Aufmerksamkeit gegenüber dem Geliebten macht Sie auch hochgradig empfänglich für andere Menschen und Eindrücke aus Ihrer Umwelt, für Farben, Gerüche und Geräusche. Verliebtheit ist ein Gefühl, das keine Grenzen kennt. Sie ist so schön, dass sie schön macht. Und zwar von innen heraus.

Verliebtheit lädt Ihre »Batterien« auf, schenkt Ihnen Elan und Zuversicht. Kosten Sie den Rausch Ihrer Verliebtheit also aus. Sie wollen so viel Zeit miteinander verbringen wie nur irgendwie möglich, Sie kapseln sich zu zweit ab, Sie entdecken die Welt neu. Genießen Sie diese Phase einfach – Ihre Freunde haben dafür Verständnis, Ihr Chef vermutlich weniger! Leben Sie Ihr Gefühl aus, intensivieren Sie es, entdecken Sie Ihre gemeinsame Sexualität – auch wenn Sie eine Zeitlang gar nicht wieder aus dem Bett kommen! Auch jetzt noch sind Sie nicht verpflichtet, auf der Stelle übereinander herzufallen. Sie wollen lieber erst ausgiebig die Zärtlichkeiten mit Ihrem neuen Partner genießen, um sich langsam an ihn zu gewöhnen? Na, warum denn nicht! Folgen Sie Ihrem Gefühl. Denn nur das ist entscheidend.

Die Phase der Verliebtheit auszuleben ist eine wichtige Basis für eine dauerhafte Partnerschaft. Deshalb noch einmal: Lassen Sie sie zu und genießen Sie sie uneingeschränkt. Denn Sie haben jetzt weniger Angst, sich einzulassen, sich zu binden, etwas von sich preiszugeben. Der Rausch der Verliebtheit öffnet Sie für die Tiefe der Liebe. Und auf dieser Basis können Sie als Paar auch bald schwierige Phasen überstehen!

Trotz aller Hochgefühle: Verschließen Sie Ihre Augen aber nicht, wenn Ihnen etwas widerstrebt, missfällt oder »spanisch vorkommt«. Schauen Sie so genau hin, wie es Ihnen in Ihrer momentanen Verfassung möglich ist, und nehmen Sie solche Signale ernst. Das ist Ihre Chance, ein absehbares Ende nicht unnötig hinauszuzögern. Der Volksmund sagt dazu: *Lieber ein Ende mit Schrecken als ein Schrecken ohne Ende.* Manchmal sind es ja auch die »liebenswerten Eigenheiten«, die ein Zusammenleben scheitern lassen, sobald die rosarote Brille wieder klar wird – denken Sie nur an die berühmte Zahnpastatube!

Die wichtigste Voraussetzung dafür, dass aus Ihrer Verliebtheit auch Liebe wird, ist, dass Sie sich und Ihrem Leben treu bleiben. Machen Sie den geliebten Menschen nicht zum Mittelpunkt Ihres Lebens und schon gar nicht zu Ihrem einzigen Lebensinhalt. Das ist im Übrigen ohnehin der sicherste Weg, ihn gleich wieder zu verlieren. Rufen sie nicht immerfort an, wenn Sie sich langweilen oder Sehnsucht nach ihm haben.

Wenden Sie sich – trotz Verliebtheit – auch bald wieder Ihren anderen Standbeinen zu: Gehen Sie Ihren Interessen nach, auch wenn Ihr Neuer sie nicht teilt, treffen Sie Ihre alten Freunde, knüpfen oder vertiefen Sie neue Freundschaften und engagieren Sie sich in Ihrem Beruf. Gehen Sie sogar noch weiter und nutzen Sie die Gunst der Stunde dazu, sich der Welt zu öffnen und sie zu erobern. Machen Sie die Zeit des Verliebtseins zu einem wahren Flirt mit dem Leben. Jetzt ist nämlich genau der richtige Zeitpunkt, um mit Ihren Freunden den längst geplanten Wochenendtrip in die Tat umzusetzen, Ihre Englischkenntnisse aufzupolieren oder Ihren Berufsabschluss nachzuholen. Denn auch um beruflich durchzustarten, können Sie keinen besseren Moment erwischen. Lassen Sie diese Chancen nicht ungenutzt verstreichen!

Die Erfolge, die Sie in dieser Zeit erringen, werden Sie auch beim unvermeidlichen Sturz aus dem Himmel der Verliebtheit auf den Boden der Realität vor der Härte des Aufpralls schützen. Ihr Beruf und Ihr Wissen bleiben Ihnen erhalten. Auch Ihre Freunde werden an Ihrer Seite bleiben. Ihr Schwarm aber nicht unbedingt. Und einerlei, ob aus Ihrer Verliebtheit nun Liebe wird oder nicht, eines ist sicher: Die Verliebtheitsphase ist eines Tages vorüber. Ausnahmslos.

Nicht nur Nähe, auch Abstand suchen

»Willst du gelten, mach dich selten«, sagten unsere Großeltern. Sie hatten Recht! Wenn Sie verliebt sind, ist es manchmal gar nicht so leicht, den anderen nicht zum Zentrum Ihres Lebens zu machen. Natürlich wollen die meisten Menschen möglichst viel Zeit mit der neuen Liebe verbringen und die glücklichen Stunden miteinander genießen. Wenn Sie aber ein erfülltes Leben führen, haben Sie einfach nicht unbegrenzt Zeit – und das ist auch gut so! Denn es ist eine Illusion, dass es den anderen an uns bindet, wenn wir fast unsere ganze Zeit mit ihm verbringen. Häufig geht der Neue nämlich bald auf Abstand, weil ihm alles zu schnell geht und er sein bisheriges Leben praktisch aufgeben müsste. Beugen Sie dem vor!

Tipp: Die meisten Menschen brauchen Zeit, um sich auf eine neue Beziehung einzulassen. Gönnen Sie Ihrem neuen Partner diese Zeit. Gönnen Sie auch sich selbst diese Zeit. Die Zeit, um wieder zu sich selbst zu finden. Zeit, um wieder Sehnsucht nach dem Anderen zu bekommen. Diese Sehnsucht nach dem Anderen, die in der Distanz am besten gedeiht, ist der dritte wichtige *Treibstoff* auf dem Weg zur Liebe •

Was aber können Sie tun, wenn Sie mehr Nähe möchten als der andere? Dies ist durchaus kein seltenes Phänomen zu Beginn einer Beziehung. Bedrängen Sie Ihren Partner nicht. Denn dadurch zieht er sich noch stärker zurück und Sie klammern noch mehr: eine endlose Spirale. Machen Sie sich klar, dass für die ersten Monate einer Beziehung besondere Bedingungen gelten. Es ist die Phase des Sichkennenlernens, des langsamen Sicheinlassens. Das erfordert Zeit und Abstand.

Wenn Sie sich also dabei ertappen, dass Sie Hobbys und Interessen aufgeben, dass Ihre Freunde Sie nicht mehr sehen und Ihr Chef an Ihren Arbeitsleistungen zweifelt, dann sollten Sie schnell etwas ändern, sonst sind die Aussichten auf eine stabile Partnerschaft nur gering.

Achten Sie also in der Phase der ersten Verliebtheit auf ein ausgeglichenes Nähe-Abstand-Verhältnis. Gehen Sie manche Aktivitäten ohne Ihren neuen Schwarm an. Das klärt auch in anderer Hinsicht etwas, was kein Liebesschwur vermag: Vermisst er Sie heftig und freut sich überschwänglich, wenn er Sie endlich wiedersieht? Das ist gut! Tut er das nicht, dann haben Sie wenigstens Klarheit. Denn ein Mensch, der Sie nicht wirklich vermisst, will nicht Sie als Partner, sondern irgendjemanden. Sie finden auf diese Weise also am besten heraus, was der andere für Sie empfindet.

Zudem wird auch Ihnen selbst deutlicher bewusst, was Sie für den anderen empfinden, wenn Sie sich Zeit zur Besinnung nehmen. Schließlich wird nicht aus jeder Verliebtheit tatsächlich Liebe. Und je eher Sie wissen, dass dies nicht der richtige Partner für Sie ist, umso besser. Dann können Sie sich bald wieder auf die Suche begeben.

Betrachten Sie die Anfangsphase einer Beziehung immer als Versuchsphase. In dieser Zeit bleibt der andere bei allem Verliebtsein, bei aller Vertrautheit und vermeintlicher Nähe doch ein fremder Mensch, ein unbekanntes Wesen. Ob eine Partnerschaft mit ihm gelingen kann, das ist momentan noch völlig offen. Bemühen Sie sich darum, den Partner so genau und kritisch wie möglich zu betrachten. Dabei hilft Ihnen die Partner-Checkliste, die Sie schon kennen. (Diese finden Sie auf Seite 110.)

Gehen Sie jetzt ruhig noch ein Stück weiter und überprüfen Sie anhand ähnlicher Fragen und Überlegungen Ihre Beziehung. Ziehen Sie doch eine kurze »Zwischenbilanz«:

Test: Eine Zwischenbilanz Ihrer jungen Beziehung

- Was schätzen Sie an Ihrem neuen Partner? _____
  _____

- Welche Stärken hat er? _____

- Was ist es genau, was ihm besonders an Ihnen gefällt?
  _____

- Hat er ein positives Verhältnis zu seiner Arbeit? _____

- Hat er Freunde, mit denen er auch über Persönliches redet? _____
  _____

- Wie ist sein Weltbild, seine Grundüberzeugung von dem, was wichtig ist im Leben? _____
  _____

- Passen seine Ansichten zu Ihren? _____
  _____

- Ist er manchmal launisch oder aufbrausend? _____

- Wie geht er mit Ihren Launen um? _____
  _____

- Macht er häufig andere Menschen schlecht? _____

- Kritisiert er Sie, Ihr Aussehen, Ihre Kleidung oder Ihr Verhalten? (Das ist in der Phase der Verliebtheit ein deutlicher Hinweis darauf, dass etwas nicht stimmt, dass Sie beide möglicherweise doch nicht zueinander passen.)

- Ist er neidisch, zum Beispiel auf Ihre Arbeit, Ihr Auto oder Ihr Haus? _____

- Neigt er zu Eifersucht, wenn Sie sich mit Ihren Freunden treffen? _____

- Lässt er Ihnen den Freiraum, den Sie brauchen? _____

Achten Sie also auch auf Schwächen Ihres Partners – er hat welche, ganz sicher! Überlegen Sie genau, ob Sie mit diesen Schwächen auf Dauer leben können und auch wollen. Schauen Sie ganz genau hin.

Tipp: Klammern Sie den Gedanken nicht aus, dass vielleicht ein anderer Mensch besser zu Ihnen passt. Blicken Sie offen und gefasst der Möglichkeit ins Auge, mit ihm oder ihr nicht das große Los gezogen zu haben. Dies verschafft Ihnen die besten Aussichten, den Richtigen tatsächlich zu finden und spätere Enttäuschungen zu verhindern. Jeglichen Kummer allerdings können Sie sich nicht ersparen ●

Liebeskummer gehört dazu

Großem Kummer beugen Sie am besten vor, wenn Sie sich nicht so schnell gefühlsmäßig engagieren. Doch bei aller Vorsicht und Zurückhaltung: Der Verliebtheit folgt oft der gefürchtete Liebeskummer. Dann wird die Reise jäh abgebrochen und der Rückweg zum Ausgangspunkt angetreten. Damit müssen Sie in der Liebe leider immer rechnen. Aus den allermeisten Flirts geht eben kein verliebtes Pärchen hervor. Und aus vielen Singles, die bis über beide Ohren verliebt sind, wird später kein Liebespaar. Das alles ist bei der Suche nach einem Lebenspartner völlig normal. Ja, die drei Stufen der Liebe – nicht grundsätzlich und automatisch folgt eben die eine der anderen. Deshalb ist Liebeskummer geradezu vorprogrammiert, wenn Sie in der Liebe nach den Sternen greifen.

Mit der Krankheit Liebeskummer werden Sie am besten fertig, wenn Sie Ihr seelisches Immunsystem gestärkt haben. Vor allem die »Vitamine« A und F – A wie Arbeit und F wie Freundschaften – zeigen bei Liebesleid ihre heilende Wirkung. Allein das Vitamin A kann auf dreifache Weise den Genesungsprozess beschleunigen:

1. Arbeit lenkt von den Sorgen ab, was für den Anfang schon eine wertvolle Hilfe ist.
2. Arbeit ist ein Lebensbereich, in dem sich ein angeschlagenes Selbstwertgefühl durch Anerkennung und Erfolg gut wieder aufbauen lässt.
3. Die bloße Anwesenheit von Kollegen vermag bereits das aufgewühlte Seelenleben zu beruhigen – sofern wir mit ihnen gut stehen.

Sich jedoch einzig auf die Arbeit zu stützen, das ist bekanntlich ungesund und verbraucht die noch vorhandenen Energiereserven zu rasch. Außerdem wird unser Leid durch Arbeit zwar verdrängt, aber nicht kuriert. Die beste Arznei bei Liebeskummer ist daher Vitamin F, also gute Freunde. Sie hören uns zu, fangen uns auf, spenden uns Trost, Rat und Mut. Und sie helfen uns bei der Überlegung, ob der Quell unseres Kummers denn auch wirklich der richtige Partner für uns (gewesen) wäre oder nicht.

Ist es nicht ein Glück?

In einer bekannten chinesischen Geschichte hat ein armer Bauer, der am Rande der großen Steppe wohnt, ein riesiges Glück: Ihm läuft ein Pferd zu. Welch ein ungeahnter Reichtum! Doch der Bauer ist keineswegs so enthusiastisch wie die anderen Dorfbewohner. »Woher wollt ihr wissen, dass es nicht ein Unglück ist?«, hält er seinen kopfschüttelnden Nachbarn entgegen. Drei Wochen später fällt sein Sohn beim Reiten vom Pferd und bricht sich ein Bein. Alle Nachbarn bedauern den armen Bauern. Doch er sieht das ganz anders: »Woher wollt ihr wissen, dass es nicht ein Glück ist?« Wieder schütteln alle Nachbarn den Kopf. Und abermals drei Wochen später gibt es einen Krieg mit den Nomaden im Norden. Alle jungen Männer des Dorfes werden zur Waffe gerufen. Nur der junge Mann mit dem gebrochenen Bein nicht.

Viele Menschen auf Partnersuche erzählen von ihren unglücklichen Flirts, von Beziehungsversuchen, die schon nach Wochen oder höchstens Monaten zu Ende gehen. Glauben Sie mir: Ausnahmslos allen ergeht es nach einer kurzen Zeit der Trauer wie dem chinesischen Bauern, der das Glück im vermeintlichen Unglück erkennt. Sicher, unmittelbar nach dem Ende eines Beziehungsversuchs kann kaum jemand die erlittene Niederlage mit einem so positiven Spruch wegstecken. Später aber stellt sich heraus, dass das Scheitern sein Gutes hatte. Denn wenn sich zwei Menschen in der stürmischen Zeit der Verliebtheit nicht auch auf der realistischen Ebene des Miteinanders finden, dann ist die Trennung eines Tages unausweichlich.

Sehen Sie es möglichst locker: Sagen Sie zu sich selbst den Ihnen mittlerweile wohlvertrauten Spruch: *Wir haben nicht zueinander gepasst.* Sehen Sie vor allem das Gute an der gemeinsam verbrachten Zeit, dann bekommen Sie Mut für den nächsten Flirt.

Vermeiden Sie insbesondere jegliche Selbstvorwürfe. Wer sich nach einer gescheiterten Beziehung mit Vorwürfen quält – »Hätte ich doch nur ...! Ich werde nie einen Partner finden!« –, dem geht es nach einer Niederlage in der Liebe besonders schlecht. Solche Gedanken, in der Psychologie auch »selbstabwertende Gedanken« genannt – sind sogar der Hauptgrund für sehr starken Liebeskummer.

Fallen Sie nach einer Lebensniederlage wie einer gescheiterten Liebe nicht über sich her. Stoppen Sie kritische, selbstabwertende Gedanken. Treten Sie Ihnen entgegen. Wiederholen Sie immer wieder laut den Spruch: »Wir beide haben nicht zueinander gepasst«. Suchen Sie auch nur mit solchen Freunden das Gespräch, die Sie nicht kritisieren, sondern Ihnen den Rücken stärken und Ihnen Mut machen für die Zukunft.

Heben Sie außerdem den Schatz der Niederlage. Denn durch gescheiterte Beziehungsversuche können wir eine Menge über uns selbst lernen. Wir bringen in Erfahrung, was uns in einer Partnerschaft gut tut und was nicht. Wir erleben, welcher Mensch zu uns passt und welcher nicht. Wir spüren immer genauer, was uns wichtig ist, was unabdingbar zu unserem Glück gehört und wo wir kompromissbereit sein können. Wir erkennen eigene und fremde Beziehungsmuster immer deutlicher. Wir lernen also ständig dazu und entwickeln uns weiter. Wichtige Veränderungen in unserem Leben entspringen oft den Niederlagen, die wir erlebt haben. Wir merken, dass wir auf den alten, uns wohl vertrauten Wegen nicht mehr weiterkommen – und schlagen neue Wege ein.

Deshalb ist das Scheitern einer Beziehung nur auf den ersten Blick ein Unglück. In jeder Niederlage, so schmerzvoll sie auch ist, steckt immer eine wertvolle, hilfreiche Erfahrung für die Zukunft. Wer diesem Gedanken Raum geben kann, der ist gegen allzu schlechte Stimmung nach einem gescheiterten Versuch gefeit.

Vom Mut zur Trennung

Wie sollen Sie sich nun verhalten, wenn Sie erkennen, dass Sie mit diesem Mann oder dieser Frau nicht lange glücklich werden? Da hilft Ihnen nur die mutige Tat der Prinzessin aus dem Märchen vom Froschkönig: Werfen Sie den Frosch an die Wand! Brechen Sie die Beziehung ab – und setzen Sie in Kürze Ihre Suche beherzt fort. Kaum jemand trennt sich gern. Trotzdem: Wer sicher weiß, dass eine Beziehung ihn nicht zufrieden stellt, der sollte konsequent sein und handeln – und auch den anderen nicht länger hinhalten.

X *Beispiel:* Für Barbara (34) war es schon der vierte Beziehungsversuch in einem Jahr und der bislang schönste. Leider hatte Thorsten (36) immer dann keine Zeit, wenn Barbara ihn am dringendsten brauchte. Irgendwann war Barbaras Geduld erschöpft. Ihr Entschluss: ein Trennungsbrief an Thorsten. »Schon als ich mich dazu entschlossen hatte, ging es mir viel besser.« Sie hat einigen Freundinnen von ihrem Vorhaben erzählt. Das erleichterte sie noch mehr.»Ich habe mir für den Brief einen vollen Tag Zeit genommen.« Beim Schreiben orientierte sie sich an drei Regeln: Zuerst schrieb sie, was (anfangs) gut war. Anschließend erklärte sie, wie sie sich momentan fühlte.»Ich wollte nicht in einen vorwurfsvollen Ton verfallen in der Art: Du bist schuld, dass es mir so schlecht geht.« Also schrieb sie, dass sie sich eine feste Partnerschaft wünscht und ihr deshalb die Form der Beziehung zu unverbindlich ist.»Zuletzt formulierte ich den Wunsch, ihn in den nächsten Wochen nicht zu sehen. Aber ich fügte hinzu, dass ich mich später bei ihm melden möchte, um gemeinsam zu überlegen, ob wir die Beziehung nicht als Freundschaft fortführen können.«

Dann schickte Barbara den Brief ab.»Das war ein gutes Gefühl. Seither komme ich bestens mit dem Ende dieser Beziehung zurecht – eigentlich schon seit meinem Entschluss, den Brief zu schreiben. Der Abschied war wie eine Wunde, die ganz schnell verheilt.«

Noch jetzt erstaunt es sie, dass es ihr letztlich so wenig ausgemacht hat, sich von Thorsten zu trennen. Dabei ging es ihr anfangs wirklich sehr schlecht.»Ich war so verliebt, und als Thorsten immer weniger Zeit für mich hatte und ich spürte, dass diese Beziehung wieder nicht das ist, was ich möchte, da war ich wirklich sehr frustriert.« Aber endlich einen Schlussstrich zu ziehen und klar zu sagen, was sie will und was nicht, das hat ihr sehr gut getan.

Haben Sie sich innerlich zu einer Trennung entschlossen? Dann schreiten Sie zur Tat und teilen Sie es ihm oder ihr mit. Oft schlage ich für solch eine Trennung einen Brief vor, weil wir auf diese Weise unsere Worte mit Bedacht wählen. Einige grundsätzliche Regeln sollten Sie beachten, egal, ob Sie ein Gespräch oder einen Brief vorziehen:

- Sagen oder schreiben Sie, was schön war.
- Sagen oder schreiben Sie, was in Ihren Augen nicht gestimmt hat.
- Sprechen Sie von sich (»Ich habe ...«).
- Verzichten Sie auf jeglichen Vorwurf.
- Vermeiden Sie Schuldzuweisungen.
- Äußern Sie einen Wunsch für Ihre und die Zukunft des anderen.

Die Probezeit: Wie aus Verliebtheit Liebe wird

Irgendwann bringt die Wirklichkeit auch das verliebteste Pärchen auf den Boden zurück, nicht selten ausgelöst durch einen heftigen Streit. Die Verliebtheit und die große Harmonie der Anfangszeit gehen zu Ende, und eines Tages beginnen wir, den anderen realistischer zu sehen. Jetzt werden die Weichen dafür gestellt, ob wir ein Teil eines Paares werden oder wieder Single.

Wenn wir in der Liebe nach den Sternen greifen, dann stehen wir vor einer schwierigen Aufgabe, denn wir wissen nie, was genau uns erwartet. Und das ist spannend, denn ein Mensch ist nicht berechenbar wie eine Maschine. Er ist ein faszinierender Kosmos aus Wünschen, Vorstellungen, Hoffnungen und Erfahrungen. Dieser Kosmos will entdeckt, angenommen und geliebt werden. Planen lässt sich dieses Abenteuer nicht. Doch einige der möglichen Probleme in dieser Zeit sind schon vorher abzusehen.

✗ *Beispiel:* Am Anfang schwebt Fanny (28) auf Wolke sieben, wie alle frisch Verliebten. Doch jetzt, fünf Monate später, sind ihre Gefühle abgeflaut. Sie findet, dass Mike (32) sich nicht genug um sie bemüht. Er ist oft unpünktlich und bereits dreimal hat er kurzfristig eine Verabredung mit ihr verschoben. Das stört Fanny ganz besonders und sie ärgert sich darüber. »Anfangs habe ich selbst nicht gemerkt, dass ich immer ungehaltener wurde und manchmal auch gereizt auf ihn reagiert habe«, sagt Fanny. Als er bei einer Verabredung zum Essen wieder einmal zu spät kommt, platzt ihr schließlich der Kragen. »Dir liegt wohl nicht viel an mir«, wirft sie ihm vor. Und als er völlig verständnislos reagiert, läuft sie wütend aus dem Lokal. Am nächsten Tag ist Funkstille. »Ich war so sauer über seine Unpünktlichkeit. Ich weiß, für andere ist das eine Kleinigkeit. Aber ich habe es als Missachtung erlebt.« Und sie fragt sich, ob Mike wirklich der richtige Mann für sie ist.

Mike ist verunsichert über Fannys Reaktion, ruft sie aber nach zwei Tagen wieder an. »Ihm war gar nicht klar, dass ich mich schon lange über seine Unzuverlässigkeit geärgert habe«, sagt Fanny. Schließlich haben die beiden sich getroffen und ausgesprochen. Beide waren erstaunt, wie leicht sie wieder zueinander fanden.

»Mike hat mir lange zugehört und einige Fragen gestellt. Als ich meinen Unmut los war, war ich sehr erleichtert.« Schließlich hat er auch von sich erzählt. Mike hatte Ärger mit seinem Chef und brauchte dringend Rat von seinen Freunden. Fanny hat er von alledem nichts erzählt – weil er doch so gern ein »starker Mann« ist und so ungern von Problemen erzählt! Außerdem ist er neulich endlich zum Anwalt gegangen, um die Scheidung von seiner Noch-Ehefrau einzureichen. Das hat ihn aber auch ein wenig traurig gemacht, denn er musste viel an das unrühmliche Ende seiner Ehe denken. Und in dieser Stimmung wollte er sich nicht gerne mit Fanny treffen.

Nehmen Sie Abschied von Illusionen

Wenn aus dem Menschen, in den wir so verliebt sind, der Lebenspartner werden soll, dann müssen wir uns der Wirklichkeit stellen. Das ist notwendig und manchmal auch recht schmerzhaft. Denn wenn wir anfangen, den anderen realistischer zu sehen, dann werden uns unweigerlich auch seine Fehler und Schwächen bewusst. Psychologen sprechen in diesem Zusammenhang von einer regelrechten Desillusionierung, die die Verliebten durchmachen. Sie müssen sich nämlich ganz gehörig von dem Bild, das sie vom anderen hatten, verabschieden. Sie müssen sich von der irrigen Annahme trennen, ihr Gegenüber sei einfach vollkommen. Und sie müssen sich von der Illusion lösen, der andere könne so sein wie sie selbst, so denken, handeln und empfinden. Sie müssen schließlich akzeptieren, dass der andere auch störende Eigenschaften besitzt oder Ansichten vertritt, die den eigenen schlimmstenfalls genau entgegengesetzt sind.

Diese Desillusionierung ist für manche Menschen schwer zu ertragen. Sie klammern sich an die Vorstellung, der andere sei kein eigenständiger Mensch, sondern in seinem ganzen Wesen mit ihnen identisch. Doch im Laufe der Zeit treten eben die Unterschiede zwischen den Partnern immer offener zutage. Zwei Menschen sind nicht stets einer Meinung und manchmal sind sie sogar gänzlich anderer Überzeugung. Das alles ist normal. Es gehört auch in der Liebe dazu, verleiht ihr Spannung und belebt sie zuweilen.

Wenn zwei Menschen sich näher kommen, lernen sie sich natürlich genauer kennen. Man könnte auch sagen: Wir schauen den anderen aus viel größerer Nähe an und entdecken somit zwangsläufig Neues und bislang Unbekanntes. Klar, dass wir im Laufe der Zeit auch zu ganz neuen (Er-)Kenntnissen über ihn gelangen. Doch die sind schließlich nicht nur negativ oder unangenehm! Sondern eben nur realitätsnäher!

> *Tipp:* Freuen Sie sich darüber, dass Ihre neue Beziehung aus der Phase der halb-blinden Verliebtheit in die der tragfähigeren, reiferen Liebe übergehen kann – auch wenn dabei die Schwerelosigkeit und Sorglosigkeit der Anfangszeit schwinden. Dafür wächst unsere Einsicht und unser Vertrauen in das Wesen des anderen, und damit hat auch die Liebe eine Chance. Diese Übergangsphase, die häufig im zweiten halben Jahr einer Beziehung stattfindet, wird von Psychologen als Probezeit angesehen. Beide Partner prüfen sich in dieser Phase gegenseitig und hinterfragen auch immer wieder, ob sie sich selbst eine dauerhafte Beziehung mit dem anderen vorstellen können, bevor sie sich auf eine »echte« Liebe mit tiefen Gefühlen einlassen •

Schaffen Sie Raum für Auseinandersetzungen

Keine Liebe verläuft auf Dauer nur in völliger Harmonie und gegenseitiger Übereinstimmung. Sie streiten aber nicht gerne? Das ist verständlich. Dennoch müssen Sie sich mit Ihrem Partner auseinandersetzen und Meinungsverschiedenheiten offen austragen. Wie sonst soll aus Ihrer Verliebtheit Liebe werden? Sie müssen sich ja nicht gleich das Geschirr um die Ohren werfen – aber streiten gehört nun mal dazu, auch wenn man sich liebt!

Der erste Streit ist oft ein Meilenstein in der Beziehung eines Paares. Denn es lernt sich über die Auseinandersetzung um vieles besser kennen. Und es kann die Erfahrung machen, dass die Partnerschaft nicht nur in guten Zeiten hält, sondern auch schwierige Momente übersteht. Das schafft Sicherheit. Nach einer glücklich überstandenen Auseinandersetzung fühlen sich viele Paare daher deutlich stärker miteinander verbunden als zuvor.

Heute gibt es erheblich mehr Themen und Anlässe für Auseinandersetzungen oder klärende Gespräche als früher. Für unsere Großeltern waren die Rollen von Männern und Frauen noch klar verteilt. Auch, wie eine Beziehung gelebt wurde, bestimmte weniger das Paar selbst als die gesellschaftliche Tradition. Solche für alle gültige Konventionen gibt es heute (zum Glück!) nicht mehr. Dafür müssen wir aber sehr vieles neu miteinander aushandeln, vor allem am Anfang einer Beziehung. Wann stellt er sie seinen Eltern vor? Wie oft sieht man sich? Zahlt er das Essen im Restaurant oder teilen sich beide die Rechnung? Das alles ist heute nicht mehr selbstverständlich, sondern muss erst in einem Gespräch, manchmal auch immer wieder neu, geklärt werden. Gelegentlich entsteht aus so einem Gespräch auch ein heftiger Streit, wenn nämlich beide andere Meinungen vertreten.

Es gibt auch noch einen weiteren Grund, der die Auseinandersetzung mit dem Partner heute so wichtig macht. Jeder von uns ist in einer anderen, höchst individuellen Weise durch seine Familie, die Erziehung, die Herkunft geprägt. Gerade weil es kein allgemein gültiges Modell für eine Partnerschaft mehr gibt, spielen solche familiären Prägungen und Gepflogenheiten heute eine ungleich größere Rolle als früher.

Das betrifft ganz unterschiedliche Bereiche, etwa den Umgang mit Geld, das Maß an beruflichem Engagement oder die privaten Lebensziele, die wir uns stecken. Das alles und noch viel mehr wird vom Elternhaus – meist unbewusst – stark mitbestimmt. Wo immer zwei Menschen als Paar zusammenfinden, sind deshalb mindestens noch vier weitere Personen indirekt anwesend: Die Eltern des einen und die Eltern des anderen. Sie alle reden im Geiste mit bei den Auseinandersetzungen eines Paares, auch wenn sie in Wirklichkeit weit weg sind. Es nützt also gar nichts, den Auseinandersetzungen in einer Beziehung auszuweichen – im Gegenteil: Sie nicht zu führen bedeutet, über kurz oder lang das Ende der Beziehung zu riskieren. Denn konstruktive und faire Auseinandersetzungen bieten die beste Gewähr, dass die Liebe sich entwickelt und dauerhaft hält. Für produktive Streitgespräche haben Psychologen und Paartherapeuten eine Reihe von Regeln entwickelt, die sich im Beziehungsalltag bewährt haben:

- Streiten Sie sich nicht, wenn Sie emotional sehr erregt sind. Warten Sie lieber, bis sich die größte Aufregung gelegt hat.
- Nehmen Sie sich Zeit für Gespräche und schaffen Sie eine angenehme Atmosphäre. Das kann ein gemeinsames Abendessen sein oder ein langer Spaziergang – was immer Sie wollen.
- Setzen Sie sich nicht auseinander, wenn Sie müde sind. Müdigkeit macht gereizt, lähmt unsere Neugier auf Neues und unsere Ideen für Kompromisse. Genau diese Fähigkeiten brauchen Sie aber unbedingt, wenn es zum Streit kommt.
- Hören Sie gut zu und unterbrechen Sie den anderen nicht. Jeder sollte zu Ende reden können.
- Meiden Sie im Gespräch jede Abwertung des anderen und seiner Überzeugungen. Jeder von uns hält seine Sicht der Dinge für »normal«. Gleichzeitig neigen wir dazu, die Argumente des anderen schlecht zu machen. In der Regel aber sind beide Standpunkte verständlich. Versuchen Sie, die Sicht des anderen zu verstehen. Sie müssen sie ja nicht zu Ihrer eigenen machen.

- Bleiben Sie auch in der Auseinandersetzung neugierig. Die Neugier ist und bleibt der wichtigste *Treibstoff* der Liebe, auch in dieser dritten Phase. Fragen Sie also Ihren Partner genau nach seiner Sicht der Dinge, bis Sie ihn verstehen können.
- Nichts ist selbstverständlich! Woher soll der andere wissen, was Ihnen wichtig ist, an welchen Punkten Sie empfindlich reagieren, was Sie stört und was Ihnen gefällt? Sie müssen es ihm schon sagen. Nur dann haben Sie eine realistische Chance zu bekommen, was Sie sich wünschen.
- Meiden Sie Vorwürfe wie »Du hast ... oder Du bist ...« Besser sind sogenannte »Ich-Botschaften«. Dabei sprechen Sie über sich und Ihre Gefühle, Ihre Wünsche in der Beziehung und Ihre Absichten.
- Denken Sie daran: Der Ton macht die Musik. Diese Regel gilt immer, aber ganz besonders für Auseinandersetzungen in der Beziehung. Fordern Sie nicht, sondern äußern Sie Wünsche. Äußern Sie Ihre Vorstellungen auch mal in Frageform: »Was hältst du davon, wenn wir ...?« Das gibt dem anderen mehr Spielraum, seine Vorstellungen zu äußern.
- Geben Sie Schwächen zu. Jeder Mensch hat welche. Sie vergeben sich nichts, wenn Sie das auch eingestehen. Aber entschuldigen Sie sich nicht dafür.

Beziehen Sie Freunde ein

Am Anfang einer Liebe spielen Treffen mit Freunden oft keine große Rolle. Wozu auch! Verliebte genügen sich ja selbst, wollen niemanden sonst sehen, sondern ihre Zeit ausschließlich miteinander verbringen. Das alles ändert sich aber garantiert irgendwann. Und es sollte sich spätestens jetzt ändern, wenn die Verliebtheit in Liebe übergehen soll. Jetzt ist sich das Paar seiner jungen Liebe schon erheblicher sicherer und deshalb auch eher bereit, sich wieder den Freunden zuzuwenden und sie mit dem neuen Partner bekanntzumachen.

Freunde sehen die ersten Probleme und Schwierigkeiten einer Partnerschaft objektiver, aber doch wohlwollend. Gute Freunde sind hilfreiche Gesprächspartner, wenn es zwischen den Partnern knirscht. Besonders wichtig sind Freunde, wenn Sie merken, dass sich Ihre Gefühle für den Partner in die eine oder andere Richtung verändern.

Beispiel: Paul (36) ist seit sieben Monaten mit Lisa (34) zusammen. Doch in letzter Zeit fand er zunehmend mehr Dinge, die ihn an ihr verunsicherten. »Ich wurde innerlich immer ungehaltener, einerlei, ob es darum ging, ein gemeinsames Wochenende zu planen oder darum, wie bedächtig und langsam sie ihre Pizza aß.« Er hat sich schließlich mit einem alten Freund unterhalten und ihm von seinen vermeintlich abflauenden Gefühlen erzählt. »Mein Freund hat mir nur eine einzige Frage gestellt: ›War Lisa zu Anfang, als du frisch verliebt warst, denn anders?‹«

Nein, das war Lisa natürlich nicht. Sie aß ihre Pizza schon immer so langsam und konnte sich auch in der Anfangszeit nicht so ohne weiteres zwischen einer Bergtour und einer Radtour entscheiden. »Mir war schnell klar, dass Lisa die gleiche geblieben war«, gab Paul zu. Also hatte sich bei ihm etwas geändert. Der Freund hat intuitiv gespürt, dass an Pauls kritischen Gedanken über Lisa etwas nicht stimmte. Warum hatte er plötzlich solche Vorbehalte? Warum konnte er ihre Eigenarten nicht humorvoller und gelassener sehen, wie er das zu Anfang tat? Sein Freund hatte bereits die Erklärung: »Sie wird dir wohl immer wichtiger. Mir scheint, du hast Angst davor, deine Unabhängigkeit zu verlieren.«

Lisa wurde Paul im Laufe der Zeit tatsächlich immer wichtiger. Weshalb aber gerieten seine Gefühle für sie scheinbar ins Wanken? Diese Veränderung konnte er sich nicht erklären. In der Tat macht eine neue Liebe manchmal auch Angst. Wer sich an einen anderen Menschen bindet, verliert an Autonomie. Dass dabei auch Ängste entstehen können, ist völlig normal.

Gute Freunde können so etwas als Außenstehende meist leichter und klarer erkennen als die Betroffenen selbst. Deshalb helfen Gespräche mit Freunden in solchen Situationen oft mehr als Diskussionen mit dem Partner. Die Freunde sollten allerdings mit dem jungen Glück des Paares mitschwingen können. Sie sollten dem neuen Partner positiv gegenüber stehen und nicht neidisch sein, auch wenn sie selbst möglicherweise noch auf der Suche sind und ihren Partner fürs Leben bisher noch nicht gefunden haben.

Wer es schafft, auch seine Freunde an den Hochs und Tiefs seiner Partnerschaft zu beteiligen, verschafft der Liebe eine größere Stabilität. Getragen durch die Anteilnahme der Freunde wächst und gedeiht sie einfach besser. Frauen gelingt dieses offene Gespräch mit Freundinnen in der Regel besser als Männern. Männer belassen es beim Zusammensein mit Freunden gerne dabei, über die Arbeit zu sprechen oder über ihr neues Auto, aber ihre Partnerschaft lassen sie lieber außen vor. Kommt es dann in der Beziehung zum Streit, fühlen sie sich schnell in die Ecke gedrängt – weil sie niemanden haben, mit dem sie reden können oder wollen. Also: Betrachten Sie Ihre Freunde als wichtigen Stützpfeiler für die Liebe. Im Bedarfsfall werden sie es Ihnen lohnen.

Halten Sie die Balance zwischen Ich und Wir

Die Kunst, eine Partnerschaft zu führen, beruht etwa zu einem Drittel auf den Übereinstimmungen zwischen den Liebenden.

Die restlichen zwei Drittel aber sind Kompromisse – gute Kompromisse, wenn möglich. Deshalb ist es ganz entscheidend für das Gelingen einer Beziehung, wie gut beide Partner die Kunst des Kompromisseschließens beherrschen. Wer nie ein Stück nachgeben kann, wer sich immerzu durchsetzen möchte, wer sich grundsätzlich im Recht sieht und den anderen ständig ins Unrecht setzt, der hat in der Liebe schlechte Erfolgsaussichten. Wer dagegen Kompromisse schließen kann, der hat den entscheidenden Schlüssel zum Erfolg in der Hand. Hierzu gehört allerdings zweierlei. Zum einen ist es das Zugehen auf den anderen und seine Wünsche, das neugierige Herausfinden, was dem anderen gut tut und was nicht. Die andere Seite der Kompromissfähigkeit ist allerdings ebenso wichtig: seine eigenen Wünsche und Bedürfnisse in der Beziehung zu erkennen und auch auszusprechen. Dafür ist eine gewisse Konfliktbereitschaft unerlässlich.

Beispiel: »Ich habe von Anfang an zu wenig darauf geachtet, was ich selbst will«, sagt Hans und klingt etwas deprimiert. Seit drei Wochen ist der 49-Jährige wieder Single. Heute schüttelt er den Kopf über seine Versuche, sich den Vorstellungen und Wünschen von Sibylle (42) anzupassen. »Sie wollte mich schon gleich zu Anfang jeden Tag sehen, und so haben wir es dann auch gehalten. Mir hätte es aber auch gereicht, sie alle zwei oder drei Tage zu treffen.« Schon bald geht er auch nicht mehr mit den anderen Clubmitgliedern zum Segeln – weil Sibylle ihn jedes Wochenende sehen will. Nach einem halben Jahr beginnt Hans sich unwohl zu fühlen. Vorsichtige Gespräche mit Sibylle helfen nicht weiter. Sie ist verärgert über seine Wünsche nach mehr Zeit für sich und beendet prompt die Beziehung.

Hans hat das Schwergewicht seines Lebens von heute auf morgen in seine Beziehung verlegt. Und das nicht einmal aus seinem eigenen Bedürfnis heraus, sondern weil Sibylle das so wollte. Solche extremen Anpassungen an den anderen gehen selten gut. Die Liebe ist ein Kind der Freiheit! Wer die eigenen Wünsche und Bedürfnisse ausblendet, der legt ungewollt die Axt an die Wurzeln der neuen Beziehung. Irgendwann lässt die Verliebtheit unweigerlich nach, und Sie spüren, dass Sie auf zu vieles verzichtet haben und deshalb zu kurz gekommen sind.

Bleiben Sie also unbedingt Sie selbst. Nehmen Sie sich Zeit für Ihre Wünsche und Ihre Interessen, auch wenn sie sich nicht ohne weiteres mit denen Ihres Partners vereinbaren lassen. Gönnen Sie sich Zeit für sich allein. Eine Beziehung kann unmöglich alle Wünsche und Bedürfnisse eines Menschen befriedigen. Und sie wird ganz bestimmt nicht gut funktionieren, wenn einer der beiden sich aufgibt.

Nutzen Sie die Stolpersteine als Chance

Gemeinsamkeiten sind zwar das Fundament der Liebe, aber Gegensätze in der richtigen Dosierung sind die Würze. Vorausgesetzt, wir gehen richtig mit ihnen um. Wir finden immer gegensätzliche und »ungeliebte« Eigenschaften an unserem Partner. Sie sind die größten Stolpersteine in der Liebe. Deshalb ist es so wichtig, die richtige Einstellung zu den bestehenden Gegensätzen zu finden. Denn wer immerzu nur mit dem Anderssein des Partners hadert, wird nur schwer glücklich werden.

Die meisten von uns hoffen, dass der Partner sich im Laufe der Zeit schon noch ändern wird – natürlich so, wie wir es uns wünschen! Oder wir versuchen sogar, unseren Partner gezielt zu ändern, ihn zu »erziehen«. Glauben Sie mir: Das ist aussichtslos. Man kann nur sich selbst ändern, den anderen nicht, schon gar nicht den eigenen Partner.

Eine gute Partnerschaft beruht vielmehr auf der Fähigkeit, den anderen im Großen und Ganzen so zu lieben, wie er ist, und sich nicht immer zu wünschen, dass er anders wird. Wir müssen uns klar darüber sein, dass wir an jedem Menschen etwas auszusetzen haben – aber dass das im Grunde *unser* Problem ist, nicht das des anderen. Wenn uns diese Einsicht gelingt, dann können wir sogar eine Menge aus solchen Stolpersteinen lernen.

Die Partnerwahl ist kein Zufall. Wir suchen uns vielmehr unbewusst immer den Partner, der (im Moment) am besten zu uns passt. Dahinter stecken unser Instinkt und unsere Intuition, die uns zielsicher jenen Menschen auswählen lassen, mit dem wir uns weiterentwickeln können, besser: könnten. Denn dazu müssen wir die Chancen nutzen, die sich uns durch die Gegensätzlichkeiten bieten. Das gelingt uns etwa dann, wenn wir bereit sind, in den »störenden« Eigenschaften des Partners ein Lernziel für uns selbst zu erkennen. Anders ausgedrückt: Überprüfen Sie die Ihrem Wesen entgegengesetzte Eigenart Ihres Partners und betrachten Sie sie in gewisser Hinsicht als eine Art Vorbild für Sie. Das wird Ihnen natürlich immer nur dann gelingen, wenn die Beziehung im Großen und Ganzen stimmt. Deshalb wird – wie im Beispiel auf Seite 197 – der forschere Paul versuchen, die Dinge künftig mit etwas mehr Bedacht anzugehen und im Gegenzug wird sich die überlegtere Lisa bemühen, sich schneller zu Entscheidungen durchzuringen.

Achten Sie also nicht nur auf die Gemeinsamkeiten, sondern nutzen Sie das Anderssein Ihres Partners für Ihre persönliche Weiterentwicklung. Nutzen beide solche Stolpersteine als Chance, dann haben sie die besten Aussichten, dass aus ihrer beginnenden Liebe eine erfüllte Langzeitbeziehung wird.

In Kürze

❤ Durchleben Sie die Phasen des Kennenlernens und der Verliebtheit ganz bewusst. Denn auf diese Weise erkennen Sie frühzeitig, ob der neue Partner einer für immer und ewig sein könnte.

❤ Lassen Sie sich und dem neuen Partner Zeit, sich über Wünsche und Gefühle klar zu werden. Deuten Sie Ängste des anderen vor einer zu schnellen Bindung nicht als Desinteresse.

❤ Schlagen Sie Signale nicht unüberlegt in den Wind und verschließen Sie nicht die Augen vor der Realität. Denn jede Verliebtheit geht zu Ende, und die Desillusionierung wird umso bitterer.

❤ Bleiben Sie sich selbst in jeder Phase treu und besinnen Sie sich auf die Standbeine, die die Liebe fördern: Arbeit, Freunde und persönliche Interessen. Damit halten Sie automatisch Abstand!

❤ Lernen Sie, konstruktiv zu streiten. Fair ausgetragene Meinungsverschiedenheiten stärken beide und sind die beste Garantie für eine dauerhafte Liebe.

Die Geschichte von Bettina und Andreas

Bettina und Andreas sind ein Paar
Schon nach ihrem vierten Treffen waren Andreas und Bettina unendlich verliebt und schwebten auf Wolke sieben. Bettina konnte kaum fassen, dass sie so schnell wieder einen Partner gefunden hatte – und was für einen! Andreas sah gut aus, er hatte Freude an seiner Arbeit und er kochte leidenschaftlich gern. Er war zuverlässig und ging Probleme zielstrebig an. Jede Minute mit ihm war spannend.

Bettina liebte die stundenlangen Gespräche, genoss aber auch die Spaziergänge, bei denen sie einfach nur schweigend nebeneinander herliefen, ohne das Gefühl zu haben, dass einer von ihnen etwas sagen müsste. Sie freute sich über sein Interesse an ihr und ihrem Leben. Was er alles wissen wollte! Nichts schien ihm unwichtig zu sein. Und beide genossen auch die Sexualität miteinander.

Der einzige Schatten, der gelegentlich auf Bettinas Glück fiel, war die Frage: Warum nur ist sie so viele Jahre mit Bernhard zusammen geblieben? »Aber das ist doch klar!«, hat ihre Freundin Claudia ganz richtig vermutet. »Wenn man zwei Kinder miteinander hat, dann geht man nicht mal eben auseinander.« Doch Bettina sah noch einen anderen gewichtigen Grund: Wer gibt schon gerne zu, dass er einen Fehler gemacht hat? Sie hat Bernhard eigentlich wider besseren Wissens geheiratet. Schon in ihrer Verliebtheitsphase hat sie zu oft und halbherzig verfahrene Situationen retten müssen. Auf Dauer konnte die Ehe nicht gut gehen, in der für ihre eigenen Bedürfnisse nur sehr selten Raum war.

Andreas war glücklich, nach sechs tristen Single-Jahren endlich seine Traumfrau gefunden zu haben. Er hatte sich schwer getan bei seiner Suche. »Ende gut – alles gut«, sagten seine Freunde und grinsten nur noch, wenn ihnen Andreas von »seiner« Bettina vorschwärmte, die er auch noch nach sieben Monaten anhimmelte. Er liebte ihre Bodenständigkeit, ihren Humor und die Umsicht, mit der sie ihren Alltag regelte. Er bewunderte ihr Verständnis und ihre Geduld für ihre Kinder, die er manchmal recht anstrengend fand.

Doch bei aller Verliebtheit – Andreas fürchtete sich vor dem ersten Streit mit Bettina. Er dachte daran, dass es in den vergangenen Jahren mit seinen meisten Flirts nach der ersten Auseinandersetzung schnell zu Ende war. Eines Tages stand er dann völlig unerwartet vor dieser Situation: Sie waren zum Kino verabredet, doch Bettina erschien nicht. Schon manchmal war sie ein paar Minuten zu spät gekommen, meist mit der Begründung, dass ihre Kinder noch dringend ihrer Hilfe bedurften. Doch diesmal wartete er schon 20 Minuten, der Film war bereits angelaufen und der geplante Kinoabend, auf den er sich sehr gefreut hatte, geplatzt. Andreas schäumte vor Wut.»Wie meine Ex-Frau«, erinnerte er sich. Wenn Bettina jetzt noch kommen sollte, würde er ihr auf jeden Fall seine Meinung sagen. Und so kam es dann auch. Bettina hörte sich seine Vorhaltungen mit versteinertem Gesicht an. Dann schlug sie vor, sich in einem nahe gelegenen Lokal auszusprechen.»Tut mir leid«, sagte sie dort, und schon bereute Andreas seine ungezügelte Wut.

Es wurde ein langes Gespräch. Andreas erzählte von seiner Ex-Frau, die immer trödelte und unzuverlässig war. Bettina berichtete von ihren quirligen Teenies, und wie schwierig sie es mitunter fand, dass die Erziehung allein auf ihren Schultern lastete. Sie erwähnte die gelegentlichen Schuldgefühle den Kindern gegenüber, weil sie in dieser wichtigen Entwicklungsphase von ihrem Vater getrennt lebten.

An diesem Abend hatte ihre Tochter Karin wieder einmal Liebeskummer. Bettina wollte sich die Zeit nehmen, ihr zuzuhören und sie zu trösten. Deshalb ist Andreas tatsächlich eine Weile in den Hintergrund gerückt.»Meine Kinder brauchen mich manchmal noch sehr dringend«, sagte sie und schaute ihm in die Augen. Sie hatte das Gefühl, dass er sie verstand. Am Ende des Gesprächs fühlten sie sich einander sehr nahe. Sie wussten, sie würden sogar ihr Leben gemeinsam meistern können.

Ist es einer für immer und ewig?

Ist aus Ihrer Verliebtheit Liebe geworden? Haben Sie die ersten Hürden erfolgreich gemeistert? Dann nähern Sie sich bereits mit großen Schritten einer Langzeitbeziehung. Und wer weiß, vielleicht haben Sie ja den einen für immer und ewig gefunden. Sicher sein können Sie immer erst hinterher ... aber Sie können von Anfang an Ihren Teil dazu beitragen. Paare, die in einer glücklichen Langzeitbeziehung leben, empfehlen Ihnen:

- Haben Sie Freude daran, sich immer besser kennen zu lernen. Nehmen Sie sich weiterhin Zeit für Gespräche – im Gegensatz zum deutschen Durchschnittspaar: Das spricht täglich rund sechs Minuten miteinander. Nicht nur im Vergleich mit den durchschnittlich 150 bis 200 Minuten, die jeder Deutsche täglich vor dem Fernseher verbringt, ist das bedrohlich kurz! Lassen Sie also nicht nur während der Partnersuche den Fernseher öfter mal ausgeschaltet. Sie wissen noch längst nicht alles über Ihren Partner – selbst nicht nach Jahrzehnten! Nehmen Sie auch Auseinandersetzungen von der sportlichen Seite und sehen Sie sie als Gelegenheiten, um sich als Paar weiterzuentwickeln.

- In langjährigen Partnerschaften tragen gute Freundschaften eines Paares viel zur Stabilität der Beziehung bei. Das liegt nicht nur daran, dass Freunde für Sie da sind, wenn es in Ihrer Beziehung gerade Probleme gibt. Ein guter Freundeskreis bewahrt ein Paar auch vor einem der gefährlichsten Liebeskiller: der Langeweile. Ein aktiver Freundeskreis ist die beste Garantie dafür, dass Paare sich auch noch nach Jahren etwas zu sagen haben und nicht nebeneinander her leben. Denn das Interesse an anderen Menschen hält auch die Beziehung lebendig. Mit Freunden geht einem Paar der Gesprächsstoff normalerweise nicht so schnell aus, was auch die Partnerschaft lebendig hält.

• Auch in langjährigen Beziehungen muss jeder Partner immer wieder eine Balance zwischen dem Wir der Partnerschaft und den eigenen Wünschen und Bedürfnissen herstellen. Wir bleiben ein unverwechselbares Individuum, auch in einer Beziehung. Suchen Sie deshalb in der Liebe keine Symbiose, also das vollkommene Aufgehen der eigenen Welt in der des anderen – außer in der sexuellen Begegnung. Versuchen Sie vielmehr, den anderen zu umkreisen, ihn immer besser zu verstehen und kennen zu lernen.

• In glücklichen Langzeitbeziehungen sind beide Partner der Überzeugung, dass die Partnerschaft sie als Individuen fördert und ihre eigene Entwicklung unterstützt. Partnerschaft ist kein Selbstzweck. Kein Paar muss heute noch zusammenbleiben, weil die Gesellschaft das von ihm erwartet. Das entscheidende Kriterium für das Gelingen einer Beziehung ist deshalb ganz einfach: Tut sie mir und meiner persönlichen Entwicklung gut?

• Stellen Sie sich positiv auf das Anderssein des Partners ein. Nutzen Sie die Gegensätze als Anreiz zur persönlichen Weiterentwicklung. Auf diese Weise wird aus einem schwierigen Stolperstein ein wichtiger Stützpfeiler Ihrer Liebe. In der Auseinandersetzung mit dem anderen erfahren Sie zunehmend mehr über ihn. Und in der Begegnung mit dem Partner lernen Sie auch viel über sich selbst. Sie lernen, sich durch die Augen des anderen zu sehen und sich dabei zu entwickeln. Jede wirkliche Liebe kann uns ein Stück näher zu uns selbst bringen!

»Der Mensch wird am Du zum Ich«, so drückte es, wie eingangs schon erwähnt, der Philosoph Martin Buber aus. In der Begegnung mit der uns fremden Welt des Partners wandeln wir uns selbst. Deshalb ist jede neue Liebe ein Aufbruch ins Ungewisse, ein Abenteuer mit unbekanntem Ausgang. Bei Ihrem Start in das Abenteuer der Liebe, bei Ihrem persönlichen Aufbruch ins Ungewisse wünsche ich Ihnen viel Erfolg und alles Gute.

Ihr Christian Thiel

Bücher, die weiterhelfen

Behrendt, Grigi; Tuccillo, Liz: »*Er steht einfach nicht auf dich!*« *Warum Frauen nie verstehen wollen, was Männer wirklich meinen.* München 2006

Gottman, John M.; Silver, Nan: *Die 7 Geheimnisse der glücklichen Ehe.* Berlin 2000

Hetherington, E. Mavis; Kelly, John: *Scheidung. Die Perspektiven der Kinder.* Weinheim 2003

Largo, Remo H.; Czernin, Monika: *Glückliche Scheidungskinder. Trennungen und wie Kinder damit fertig werden.* München 2003

Lüpkes, Sandra: *Ich verlasse dich. Ein Ratgeber für den, der geht.* Frankfurt 2008

Page, Susan: *Single bleiben – ohne mich. 10 Strategien für eine erfolgreiche Partnerwahl.* München 2006

Thiel, Christian: *Was glückliche Paare richtig machen. Die wichtigsten Rezepte für eine erfüllte Partnerschaft.* Frankfurt/ New York 2007

Wallerstein, Judith S.; Blakeslee, Sandra: *Gute Ehen. Wie und Warum die Liebe bleibt.* Weinheim 2004

Wasserman Cocola, Nancy: *Zu sechst im Bett. Wie Eltern und Schwiegereltern in jeder Ehe mitmischen.* München 1999

Woinoff, Stefan: *Überlisten Sie Ihr Beuteschema. Warum immer mehr Frauen keinen Partner finden und was sie dagegen tun können.* München 2007

Wolf, Doris: *Wenn der Partner geht. Wege zur Bewältigung von Trennung und Scheidung.* 17. Aufl. Mannheim 2001

Register

Christian Thiel
Was glückliche Paare richtig machen
Die wichtigsten Rezepte für
eine erfüllte Partnerschaft

2007, 205 Seiten
ISBN 978-3-593-38163-3

Erfolgsrezepte für die Liebe

Nach weit verbreiteter Ansicht müssen immer beide Partner an
einer Beziehung arbeiten und nur langwierige Beziehungsge-
spräche können eine Partnerschaft verbessern. Für Christian Thiel
sind dies Mythen, die dazu führen, dass eine Beziehung gerade
nicht besser, sondern schwieriger wird. Aus seiner langjährigen
Praxis als Single- und Paarberater kennt Thiel nicht nur die wichtigsten Gründe, woran die Liebe scheitern kann, sondern ihn interessiert vor allem, wie und warum die Liebe bleibt. In seinen
20 Rezepten für eine gelungene Zweisamkeit plädiert er für Verständnis und Vertrauen.

Mehr Informationen unter
www.campus.de

Frankfurt · New York